帝都王城

从良渚王城到大明帝都

南京城墙保护管理中心 组织编写

东南大学出版社
·南京·

内容简介

中国历史上建筑规模最大的都城是六百五十年前的明代南京城，其无论在规模和营建技术上都达到那个时代的顶峰。良渚古城的发现告诉我们，早在五千年前，人们就对城市的形态布局有了整体规划。良渚古城与明代南京城，两座在历史长河中相距甚远的古代城市，却有着非常相近的城市格局和设计思想。本书正文共6章。首先基于南京和良渚的地理环境条件，对南京帝都和良渚王城的选址问题进行了分析（第1章）；接着对两城的形制和功能布局特点进行了讨论（第2章）；然后介绍了南京帝都和良渚王城的水资源管理系统，分析了其调控和运输功能（第3章）；第4章对两城（包括宫殿、城墙和水系等）的营建技术进行了阐述和分析；第5章对大明帝国的礼制、良渚文明的玉礼器，及两城的大型工程组织管理等进行了对比研究；而第6章概述了两城申遗的列入理由，突出了其文化遗产价值。研究发现，从良渚王城到大明帝都在上述各方面一脉相承，实证了中国历史和文化源远流长。

图书在版编目（CIP）数据

帝都王城：从良渚王城到大明帝都/南京城墙保护管理中心组织编写. —南京：东南大学出版社，2021.1
ISBN 978-7-5641-9347-8

Ⅰ. ①帝… Ⅱ. ①南… Ⅲ. ①良渚文化-古城遗址（考古）-研究 Ⅳ. ①K878.34

中国版本图书馆CIP数据核字（2020）第263024号

帝都王城：从良渚王城到大明帝都
Didu Wangcheng: Cong Liangzhu Wangcheng Dao Daming Didu

组织编写	南京城墙保护管理中心
出版发行	东南大学出版社
社　　址	南京市四牌楼2号（邮编：210096）
出版人	江建中
责任编辑	戴　丽　宋华莉
经　　销	全国各地新华书店
印　　刷	上海雅昌艺术印刷有限公司
开　　本	700 mm × 1 000 mm　1/16
印　　张	13.75
字　　数	190千字
版　　次	2021年1月第1版
印　　次	2021年1月第1次印刷
书　　号	ISBN 978-7-5641-9347-8
定　　价	128.00元

本社图书若有印装质量问题，请直接与营销部联系，电话：025-83791830。

编委会

顾　　问　夏维中　刘　斌　徐士进　王宁远
主　　任　郑孝清
委　　员　严文英　马　麟　杨　辟　曹方卿　乌　明　周　源　金连玉
主　　编　马　麟
副 主 编　周　源　金连玉
撰　　文　（以姓氏笔画为序）
　　　　　　赵晓豹　袁俊平
编　　务　（以姓氏笔画为序）
　　　　　　张妙蝶　周　萌　赵梦薇
视频制作　安来昊　王　翀　吕灿灿　刘迎节　宋建香
美术指导　柳　轩
制作单位　南京城墙保护管理中心
　　　　　南京大学多媒体科学与教育制作中心
　　　　　江苏兆物数字文化传媒有限公司
支持单位　新闻出版业科技与标准重点实验室——内容呈现与表达智媒体实验室
　　　　　中国城墙研究院
　　　　　南京城墙研究会
　　　　　南京古都城墙保护基金会

序

城墙是城市文明的重要标志。中国古代的都城，大多建设有宏伟的城墙。从良渚时代、龙山时代的古国王城，到汉唐、明清的帝国都城，中国城墙一直在延续、发展。

在这不同时代的众多城墙当中，南京城墙与良渚城墙是很具有代表性的两座。南京明城墙是中国古代城墙发展的巅峰，而良渚城则是中国长江下游五千年前都城的代表。两者都是中国不可多得的文化遗产，将两者进行比较研究非常有意义。

两城都位于长江以南，地缘相近，形势相通。南京城自古号称虎踞龙盘，山川形胜，长江横亘于西北，紫金、青龙、牛首诸山绵亘于东南。良渚古城山环水抱，水城一体，大遮山、大雄山南北夹峙，东苕溪诸水贯穿全城。两座城墙均依地形蜿蜒曲折而建，并非规整的方形。

两城都有多重结构，形成不同的功能分区。明代南京城由内而外由宫城、皇城、京城、外郭四重城垣构成。良渚古城则分为三重，即莫角山宫殿区、内城与外郭。两城的统治者均居于内重。

两城周围水系众多，均建有大规模的水利工程。明代南京城建设的水关涵闸，至今仍发挥着重要作用。良渚古城外的水利系统，则是四五千年前世界上最大的水利工程，它的发现确认，改写了世界水利史。

两城均进行了大规模的营建，宫殿、城墙、礼仪性建筑的规模在同时期的世界上首屈一指。筑城讲究帝王威仪、神权礼制的观念，自良渚时代，至明清绵延不绝。

当然，两城时代相距数千年，规模、形制也各有特点，特别是城墙的用途，有着明显的区别。南京城墙，最基本的用途是军事防御，号称"高坚甲于天下"，建成以来多次经历战火的洗礼。而良渚城墙，则同时是良渚先民的居住地，更加生活化。

2019年，良渚古城遗址被列入世界文化遗产名录，而南京城墙则作为中国明清城墙的代表正在牵头申报世界文化遗产。两座城墙，堪称古都双璧。

十几年来，我一直从事良渚古城的考古与研究工作，同时长期关注着南京城墙的保护与研究情况，与南京城墙保护管理中心、南京大学等单位的朋友们，也经常交流、探讨。浏览全书，从良渚古城到大明帝都，数千载时空的延展中，隐隐透露出中华文化的传承线索。揭示出这一线索，就是本书的重要价值所在。

是为序。

刘斌

庚子季秋识于浦江旅次
（作者系浙江大学艺术与考古学院教授、浙江省文物考古研究所原所长，
良渚古城遗址的重要发现人）

目录

第 1 章 山水环抱、都城选址 ········· 001

1.1 南京的地理环境条件 ········· 002
1.1.1 南京的地貌和水系分布 ········· 002
1.1.2 南京城区的地貌和水系分布 ········· 006
1.1.3 南京城区重要水系的演变 ········· 009

1.2 南京帝都选址 ········· 016
1.2.1 南京建城史 ········· 016
1.2.2 南京都城的山水形势 ········· 018
1.2.3 帝都选址 ········· 023
1.2.4 都城内选址 ········· 025

1.3 良渚古城的地理环境条件 ········· 028
1.3.1 良渚文化和良渚古城 ········· 028
1.3.2 良渚时代的中国与世界 ········· 032
1.3.3 良渚古城区域的自然地理环境与文化发展脉络 ········· 035

1.4 良渚古城选址 ········· 038

1.5 小结 ········· 041

第 2 章　多重城垣、功能布局 ········· 043

2.1　南京帝都的形制与功能布局 ········· 044
2.1.1　明以前南京帝都的形制和功能布局 ········· 044
2.1.2　明代南京帝都的形制和功能布局 ········· 048
2.1.3　明代南京城的历史地位 ········· 053
2.2　良渚古城的形制与功能布局 ········· 055
2.3　小结 ········· 061

第 3 章　水管工程、交通运输 ········· 063

3.1　南京帝都的水资源管理系统 ········· 064
3.1.1　明代南京城墙的水关涵闸 ········· 064
3.1.2　明代南京城的水系调控 ········· 070
3.1.3　明代南京城的水路运输 ········· 078
3.2　良渚古城的水资源管理系统 ········· 094
3.2.1　布局与组成 ········· 094
3.2.2　建造时间 ········· 098
3.2.3　建设规模 ········· 099
3.2.4　功能作用 ········· 101
3.2.5　水利系统的历史意义 ········· 102
3.3　小结 ········· 103

第 4 章　巍巍宫殿、城河相依 ·············· 105

　4.1　南京帝都的营建技术 ·············· 106
　　4.1.1　南京故宫的营建 ·············· 106
　　4.1.2　南京城墙的营建 ·············· 112
　　4.1.3　南京城墙护城河的营建 ·············· 130
　4.2　良渚古城的营建技术 ·············· 134
　　4.2.1　莫角山宫殿区的营建 ·············· 134
　　4.2.2　良渚古城城墙的营建 ·············· 143
　　4.2.3　良渚古城河道的营建 ·············· 144
　4.3　小结 ·············· 149

第 5 章　王权等级、组织管理 ·············· 151

　5.1　大明帝国的皇权 ·············· 152
　　5.1.1　明朝礼制 ·············· 152
　　5.1.2　社会组织管理 ·············· 163
　5.2　良渚王国的王权 ·············· 168
　　5.2.1　良渚神徽和玉礼器系统 ·············· 168
　　5.2.2　等级墓葬和聚落分化 ·············· 181
　　5.2.3　社会组织管理 ·············· 187
　5.3　小结 ·············· 189

第6章 古都双璧、文化遗产 …………………………………… 191

  6.1 良渚古城申遗列入理由 ………………………………… 192

  6.2 南京城墙申遗列入理由 ………………………………… 193

  6.2.1 简要综述 ……………………………………………… 194

  6.2.2 对应标准的列入理由 ………………………………… 196

主要参考文献………………………………………………………… 201

后记 ………………………………………………………………… 205

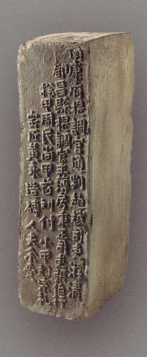

为南京城墙烧制的城砖

第 1 章　山水环抱、都城选址

古人建都，历来很重视都城的选址，选址的好坏将直接影响城市和国家发展的前途和命运，所以《周礼》有"惟王建国，辨方正位，体国经野"之说。《管子·乘马》篇对城市具体选址有专门的论述"凡立国都，非于大山之下，必于广川之上，高毋近旱而水用足，下毋近水而沟防省"。南京成为帝都，良渚成为王城，均与其自身的山川形胜相关。

南京帝都和良渚王城

1.1 南京的地理环境条件

南京，江苏省省会，位于北纬 31°14′—32°37′、东经 118°22′—119°14′之间，总面积约 6 600 平方千米；地处长江下游，跨长江两岸。南京素来就有"东南门户，南北咽喉"之称，是连接中国东部和西部、南方和北方的重要纽带。《金陵古迹图考》称其"当长江下游，北控中原，南制闽粤，西扼巴蜀，东临吴越"。

1.1.1 南京的地貌和水系分布

南京的地貌表现为以长江北岸的老山山脉、南岸的宁镇山脉和茅山山脉为骨架，低山、丘陵、岗地和平原交错分布的特征。在全市范围内，低山、丘陵和岗地的面积占 60.8%，平原、洼地及河流湖泊的面积占 39.2%。

南京的水系受六合境内的丘陵岗地（冶山—骡子山—大圣庙一线）、老山山脉、宁镇山脉、横山和东庐山及茅山山脉的山势影响可划分为 6 大水系，自北向南分别为：淮河水系、滁河水系、沿江水系、秦淮河水系、水阳江水系和太湖水系（表 1-1 和图 1-1）。

南京的地理环境条件

表 1-1　南京的水系分区情况

序号	水系分区	南京市内流域面积 / 平方千米
1	淮河水系	129
2	滁河水系	1 652
3	沿江水系	1 524
4	秦淮河水系	1 838
5	水阳江水系	1 267
6	太湖水系	171

注：秦淮河流域总面积为 2 631 平方千米。

　　古代南京城区位于长江以南，影响城区的水系主要是长江以南的沿江水系和秦淮河水系（图1-2）。

　　长江以南的沿江水系是指宁镇山脉以北和以西区域，直接汇入长江的水系。除主流长江外，可依据水系与南京城区的相对位置大体分为城东、城北以及城西三部分。其中城东部分主要包括七乡河、便民河、九乡河、东十里长沟、西十里长沟等；城北部分主要是金川河；城西部分位于现在的河西地区，是长江西移后留下的浅滩，该区域内主要河流有惠民河、南河等。

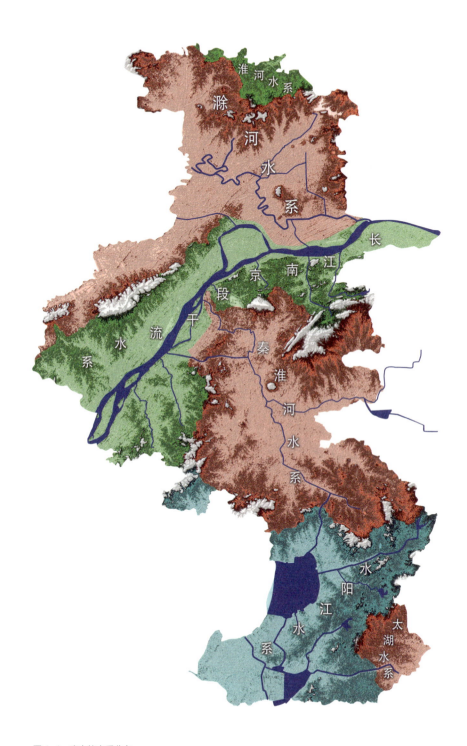

图 1-1 南京的水系分布

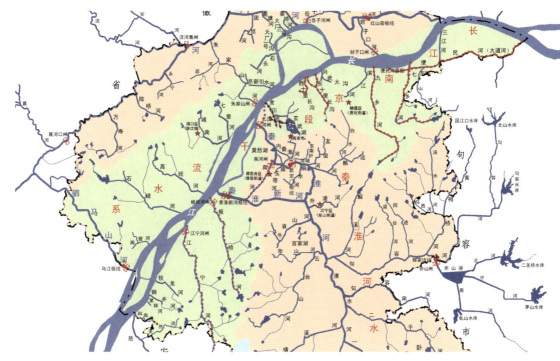

图 1-2　长江以南的沿江水系和秦淮河水系

　　秦淮河古称淮水,有东、南两源。东源出自句容的宝华山和茅山;南源出自溧水的东庐山。两源在江宁方山附近的西北村汇合,经上坊门流至通济门,于通济门外分为内外两支,为"外秦淮"与"内秦淮"。秦淮河干流自西北村北流的过程中,在江宁境内有云台山河、牛首山河等河流汇入,而在进入南京城区前又有响水河、运粮河等河流汇入。

1.1.2 南京城区的地貌和水系分布

宁镇山脉延伸到南京城内可分为三支。北支沿长江南岸伸展，自东向西依次为栖霞山、幕府山和狮子山等；中支自紫金山，经九华山、鸡笼山、鼓楼岗，直至清凉山，在城中形成一道划分南北的丘陵岗地；南支在城东由汤山向西南延伸，包括青龙山、黄龙山、大连山、雨花台、方山、祖堂山和牛首山等，其中邻近城区的是雨花台和菊花台等岗地。上述三支山脉将南京城区围合成"三山两盆地"的地貌（图1-3）。

南京城区的水系可分为北盆地水系、南盆地水系和城外环城水系三部分（图1-4）。

北盆地水系由西部的金川河和东部的玄武湖组成（城墙内只有金川河）。金川河发源于鼓楼岗、清凉山和五台山北麓，上游连通玄武湖，下游进入长江，是贯穿南京城区仅次于秦淮河的第二条大河。金川河自明代建都开始有了内外之分，城内部分叫内金川河，其北流至金川门外与西北护城河和城北护城河汇合后称为外金川河。

南盆地水系由西部的内秦淮河和东部的御河与玉带河组成。目前，内秦淮河分为北段、东段、中段和南段四部分。北段沿珠江路东流至竺桥入东段；东段自竺桥南流至东水关入南段；中段自淮清桥向西至铁窗棂出城；南段自东水关流至西水关出城，为原秦淮河主流，史称"十里秦淮"。御河和玉带河是明代皇宫的护城河，其通过涵闸受玄武湖、前湖、琵琶湖、东南护城河的来水，向南向西排入内秦淮河。

城外环城水系为南京城的护城河系统，包括玄武湖、琵琶湖、前湖、东南护城河、外秦淮河、西北护城河、城北护城河。玄武湖位于钟山之阴、城区以北，又被称为后湖、北湖。玄武湖受南十里长沟、紫金山沟和唐家山沟等处来水，西北通过和平大沟与城北护城河相连，湖西经大树根闸与

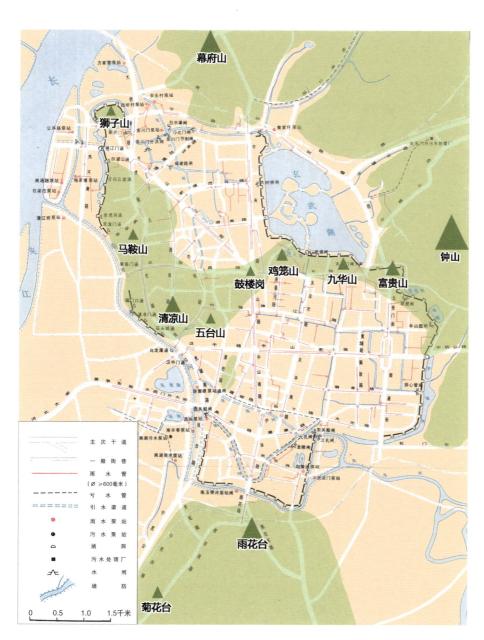

图 1-3　南京城区"三山两盆地"的地貌

图 1-4 南京城区水系分布

内金川河相通，湖南经武庙闸和太平门闸与南盆地水系沟通。琵琶湖和前湖在钟山西南麓，为原古燕雀湖的一部分，现通过琵琶湖闸和太平门闸与城内水系连通。东南护城河发源于紫金山南麓，南流至光华门和通济门处入外秦淮河，其间也可通过铜心管闸与城内水系沟通。外秦淮河围绕南京城的东南面、南面和西面，自通济门外绕中华门和水西门至三汊河入江。西北护城河过挹江门入外金川河，受鼓楼区城墙下涵洞来水。城北护城河自玄武湖和平大沟，受张王庙沟和郭家山沟来水，至金川门节制闸入外金川河，是南十里长沟和玄武湖的泄洪通道。

1.1.3 南京城区重要水系的演变

从史前时期发展到现在，南京城区的水系变化巨大，按其影响因素可分为自然演变和人工改造两大类。

（1）自然演变

基于大量的勘察资料，研究人员发现南京城区地下存在一条距今35 000—6 000年左右的埋藏型古河道（图1-5）。该河道先由西向东横亘城南，然后又从东南至西北纵贯城区的南北，全长约16千米。古河道中河床砂带的宽度一般在500—800米，长乐路至通济门一带最宽处在1 500米以上，鸡笼山与九华山之间最窄处仅300余米，在平面上呈藕节状。古河道总面积约为28平方千米，占城区面积约40%。从基岩埋深、全新世沉积物和地下富水地段的分布来看，该古河道一度与城外古长江相通，早期该古河道可能是长江的分汊河道，即地质历史时期，秦淮河口曾在通济门外七里村至武定新村一带。后由于古长江西移，冰期后基面上升、差异性升降运动和人类活动的影响，该古河道逐渐淤塞埋藏。在城区古河道淤塞之初，秦淮河可沿古河道北向和西向入江；而当古河道淤塞较为严重，特别是鸡笼山与九华山之间的隘谷形成门槛后，阻滞了秦淮河水的北上，

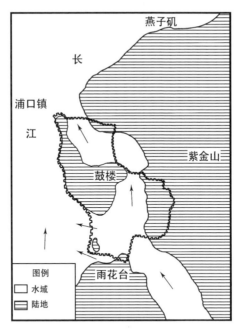

图 1-5 史前古河道示意图（据《金陵古今图考》改绘）

迫使其仅在水西门附近入江。城内古河道虽被淤塞埋藏，但仍在地面留下了众多的汊河、湖沼和池塘等遗迹，同时也使南京城区南北盆地的水系相对独立，并留下相对低洼的隘口，其在历史时期被加以利用，开凿人工河道用于沟通南北盆地的水系。

长江从南京主城区西北绕城而过，其河道形态的演变对南京的影响极大。据学者研究得知，中全新世以来长江南京段两岸岸线的变化主要受河流堆积作用影响。堆积的发展过程大体是先沉积心滩、边滩，再扩大增高成为江心洲，演变成多洲多汊的分汊形河道，随后边滩、沙洲并岸成陆或相互合并形成大型沙洲（如江心洲、八卦洲等），逐渐向单汊、双分汊过渡。全新世早—中期，长江的东岸大致在今天的外秦淮河一线，玄武湖只是秦淮河入江水道的一部分，金川河流域还是一片汪洋。先秦时期的长江水岸，要比今天偏东，而秦淮河的入江口，在今莫愁湖一带。六朝时期，长江直抵清凉山石头城下，秦淮河从石头山附近入江。此时莫愁湖还在江流之中，尚未形成，这一带长江中淤积有梅子洲、白鹭洲、蔡洲、长命洲等江心洲渚。直到宋代以后，长江江岸西移，江中沙洲连成大片陆地，形成今天的河西平原及莫愁湖和南湖等湖泊，而原先的夹江水道也成为外秦淮河河道。至明代时，河西地区已成为南京城不可分割的组成部分（图1-6）。

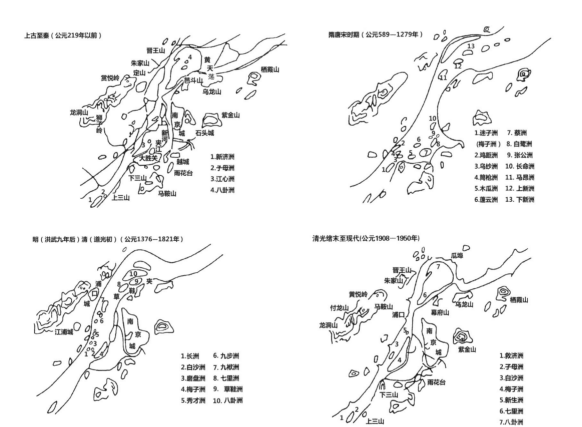

图1-6　长江南京段河道变迁图（据《金陵古今图考》改绘）

（2）人工改造

南京城区水系受到大量人工因素的影响始于孙吴建都南京。而后由于各代城市建设的需要，都有进行人工改造，其中又以六朝、南唐和明代在南京建都时对城内水系的改造最大。

赤乌三年（公元240年），吴大帝孙权为沟通秦淮河与太初宫北面的仓城，在城西南开凿了运渎，北连潮沟，西南接秦淮河。经历代变迁，运渎故道现已基本废弃，仅存一段于内秦淮河中段近铁窗棂附近。

青溪，又作清溪，原是一条天然河道，发源于紫金山，汇合于前湖，后注入秦淮河，是六朝时城东最大的河道；由于迂回蜿蜒，逶迤九曲，有"九曲青溪"之称。据王志高等人分析，六朝时的青溪有两支：一支为青溪故道，是天然河流；另一支为赤乌四年（公元241年）开凿的东渠。青溪西向与潮沟合流，汇水后沿都城东墙南下，至淮清桥汇入秦淮河。南唐筑城后，将部分青溪划入城内，青溪上下游因而断续不定。到明代，朱元璋填燕雀湖修筑皇宫，使青溪河水内外断绝。现今的青溪仅指后宰门玉带河经黄埔路涵洞、庭市桥至竺桥的这段河道。

潮沟北连玄武湖，东接青溪，西南通运渎。关于潮沟故道的位置目前尚未有统一认识。从方便开凿的角度考虑，秦淮河古河道在富贵山和九华山之间，以及九华山与鸡笼山之间的两处隘口是当时最可能自玄武湖引水的位置，也就是潮沟之所在。据唐代许嵩《建康实录》记载"（赤乌四年）冬十一月，诏凿东渠，名青溪，通城北堑潮沟。"该条作者自注云："潮沟亦帝所开，以引江潮。其旧迹在天宝寺后、长寿寺前。东发青溪，西行经都古承明（当为延熹之误）、广莫、大夏等三门外，西极都城墙，对今归善寺西南角，南出经阊阖、西明等二门，接运渎，在西州之东南，流入秦淮。"因此，结合王志高等人的分析，潮沟大约应从太平门闸附近引玄武湖水，随后转向西，再转向南接运渎；"城北堑"很可能就是武庙闸附近自玄武湖引水的河道。

宝鼎二年（公元267年），吴主孙皓开城北渠引后湖水流入新宫，巡绕殿堂，现今城北渠故道残存部分对应的是珍珠河。

杨吴城壕是杨吴和南唐筑城所开凿的护城河。唐朝灭亡后，杨吴将金陵城周扩大20里，将秦淮河纳入城内，并将城外落马涧拓宽挖深，接引秦淮河水，作为城壕。明初筑城，把杨吴城壕截为两段，城外一段自通济门外绕城墙西南流，即为现在外秦淮河的一段。城内一段南起大中桥，经复成桥向北至竺桥，向西流入乌龙潭，与外秦淮河水会合。参照1898年法国传教士方殿华绘制的《江宁府城图》（图1-7），图中还可清楚地看到杨吴城壕北段的痕迹，但该段西部从北门桥至乌龙潭区间，现已大部分干涸，俗称"干河沿"。

进香河原为六朝时潮沟的一段，宋代时湮没。明初，为便于人们去鸡笼山上的庙宇进香，沿着运渎疏浚原潮沟的一段河道，进香者可由此水路而来，故名进香河。现改建为排水暗沟，在河道上面盖板铺路，名进香河路。

燕雀湖与玄武湖是南京古代两大湖泊，因燕雀湖位于紫金山南，也被称为前湖。明朝朱元璋在城东建造皇宫，填埋了大部分的燕雀湖，仅留下现在的琵琶湖和前湖。明御河、玉带河及城外护城河皆为明代修建宫城、皇城和京城时人工开凿或改造而成。

综合现代南京城区水系分布图（图1-4）、1898年江宁府地图（图1-7）及主要河流的演变过程，图1-8给出了明代南京城区主要水系示意图。对比图1-4和图1-8可以发现，明代南京城区的主要水系与现今差别不大。

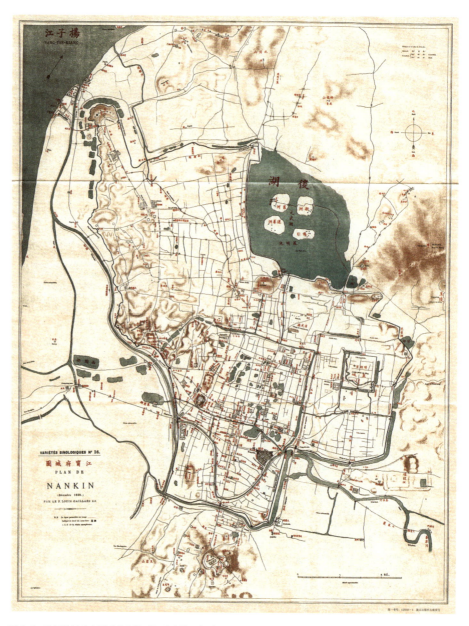

图1-7　法国传教士方殿华绘制的《江宁府城图》（1898年）

图 1-8 明代南京城区水系图

1.2 南京帝都选址

帝都选址

南京是中国"四大古都"之一，在历史上长期是中国南方的政治、经济和文化中心，也是著名的历史文化名城，素有"六朝古都""十朝都会"之美誉。

1.2.1 南京建城史

南京主城区的建城史可追溯到春秋时期。当时南京是"吴头楚尾"，是东方的吴越与西方的楚国接壤之地。吴王夫差曾在今朝天宫一带建立冶城，不过这座冶城可能只是手工业作坊。公元前473年，越王勾践灭吴国。次年，大夫范蠡在今南京中华门外长干里修筑越城，距今已有近2 500年的历史。

约公元前306年，楚灭越，于石头城筑金陵邑，南京的别称金陵之名源于此。传说秦始皇东巡，望气者言南京一带有帝王之气，秦始皇非常忌惮，于是改金陵之名为秣陵。秣，就是牲口的饲料。

公元211年，孙权将治所从京口（今江苏镇江）迁至秣陵，改秣陵为建业。公元229年，孙权称帝，并正式以建业为都城。西晋灭吴后，改建业为建邺。西晋末年，为避晋愍帝司马邺的名讳，改建邺为建康。此后，东晋及南朝的宋、齐、梁、陈均相继在此建都，故南京有"六朝古都"之称，今南京图书馆和六朝博物馆下均保留有建康城遗址。六朝时期的建康城是当时世界上最大的城市，人口达百万，是世界上第一个人口超过百万的城市。

隋唐时期，南京受到北方中央政权的刻意贬抑，其政治地位与六朝国都相比一落千丈，但各方面的优势仍使这一地区的经济和文化不断发展强大。五代时期，中国北方战火不断，而自杨吴开始，南京境内70多年没有发生大的战争，秦淮河两岸集市云集，经济繁荣。从杨吴时期开始，当时权臣徐温养子徐知诰（即后来的南唐烈祖李昪）大力经营金陵，扩建城垣。后杨吴以南京为西都。公元937年，南唐取代杨吴，定都江宁府。

宋元时期的南京是东南地区的经济重镇。公元975年，宋灭南唐，南京成为江南东路的首府。公元1129年，宋高宗赵构改江宁府为建康府，作为行都；公元1138年，定建康为留都。元代改建康为集庆路。

公元1356年，朱元璋攻占集庆，改为应天府。公元1368年建立明朝，以南京为首都，这使南京成为唯一做过大一统王朝首都的南方城市。当时的南京是明王朝政治、经济和文化的中心，其城市发展达到了历史巅峰。明初南京的总人口约为70万，是当时中国规模最大、人口最多的城市。公元1421年，朱棣迁都北京，将南京改为留都，行两京制，应天府（南京）和顺天府（北京）合称二京府。明代中叶，南京城人口达120万，成为当时世界上最大的城市。万历年间，西方传教士利玛窦游历南京后，深感震撼，据法国传教士裴化行《利玛窦评传》一书的记述："目睹南京这座大城，未免眼花缭乱……明代的南京城极其雄伟壮观……本朝开国皇帝洪武把它造成奇迹，东方所能见到的一切都无法望其项背。"终明一朝，南京一直是南方乃至全国的中心。

综上所述，南京城经历了春秋战国时的萌芽、三国时的崛起、东晋南朝时的繁荣、隋唐时的没落、南唐时的复兴、宋元时的平淡，直至大明王朝迎来了其发展的巅峰。

1645年，清军攻陷南京后遂废除其国都地位，改应天府为江宁府，成为江南省省府。1853年太平军攻克南京，建立太平天国，改称天京，建都11年。1912年元旦，孙中山在南京成立中华民国临时政府。1927年，南京国民政府成立，定南京为首都。

1.2.2　南京都城的山水形势

（1）六朝都城

据文献记载，孙吴时期建业城所处位置"其地据高临下，东环平冈以为固，西城石头以为重，带元（玄）武湖以为险，拥秦淮、青溪以为阻"，可见其都城处于平冈、石头山（今清凉山）、元武湖（今玄武湖）、秦淮河及青溪等山水实体共同围绕的区域之中。从建业城的周边地理形势看，其西有建于石头山上的石头城拱卫，东北则分布有钟山及其余脉富贵山、九华山、鸡笼山等，南北两面分别有秦淮河及玄武湖。这些山水共同影响着建业城的形态。

孙吴建业城奠定了整个六朝时期都城的基础，东晋及南朝时的建康城在其基础上并未作大的变更，故有言"（东吴建业城）东晋及齐梁因之。虽时有改筑，而其经画皆吴之旧"（图 1-9）。

（2）南唐都城

《客座赘语》记载南唐江宁府"前依雨花台，后枕鸡笼山，东望钟山，而西带冶城、石头，四顾山峦，无不攒簇，中间最为方幅"。可见其选择在四面环山、中间相对平坦的地带建城，且南唐江宁府相较六朝时期的都城，位置南移，范围更大（图 1-10）。

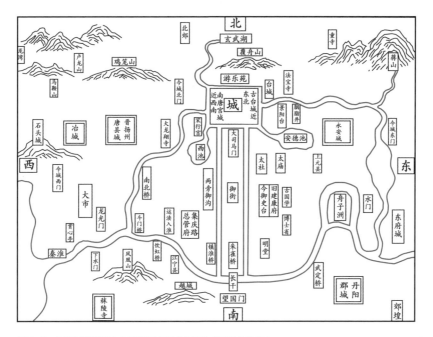

图 1-9 六朝时期建康山水形势图（据《金陵古今图考》改绘）

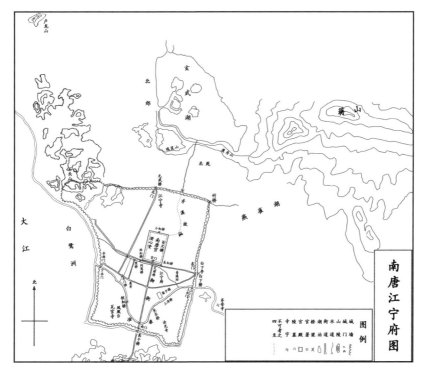

图 1-10 南唐江宁府图（据《金陵古今图考》改绘）

六朝都城在隋代被毁后，南部秦淮河沿岸仍为经济繁荣地区。南唐前的各个时期，秦淮河一直被视为城南的护城河而具有显著的军事防卫功能；南唐江宁府城将工商业最为繁荣、人口最为密集的城南地区（沿秦淮河一带）并入城内，使秦淮河成为城市内河。同时将城外原为一条独流入江的小水涧（时称落马涧）拓宽挖深，并与东城壕相通，引秦淮河水成为城壕南段。至此，秦淮河特指一河的局面被打破，有了内秦淮和外秦淮之分。

江宁府城的西面城墙大致沿江岸呈与长江基本平行的走向由南向北延伸，至石头山转而向东，将石头城纳入城内，而原六朝时的建康城遗址处于府城之北，辟为"北苑"。

（3）明代都城

南唐所筑城墙一直沿用至宋元。明代建都南京后，在南唐城的基础上，向东和向北拓展，修筑了南京城墙，形成"东尽钟山之南岗，北据山控湖，西阻石头，南临聚宝，贯秦淮于内外"的形态。明代南京城在功能上，大体可分作城东的皇城区、城南的商市区及城北的军事区三个区域（图1-11）。

从上述内容可以看出，六朝和南唐的都城皆选择在南京的南盆地内，而明代京城在南唐城的基础上进行了拓展，但城市主要功能区（皇城区和商市区）还是位于南盆地内，北盆地仅为军事区（图1-12）。

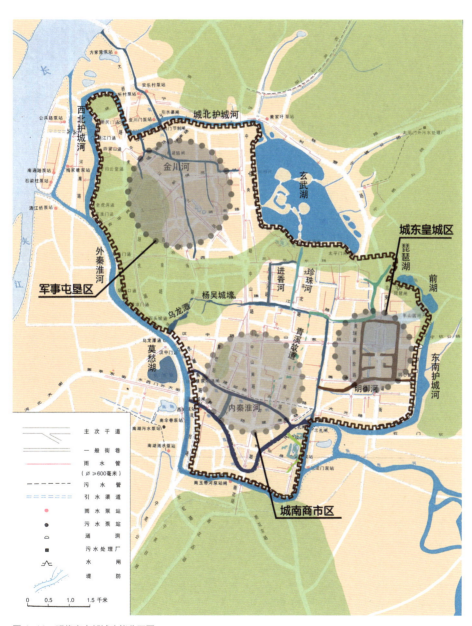

图 1-11 明代南京都城功能分区图

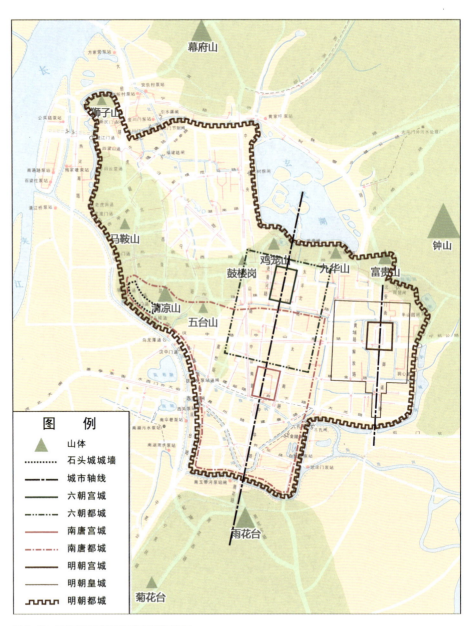

图 1-12　历代南京主城的位置及范围示意图

1.2.3 帝都选址

南京自春秋越城开始，历经2 500年左右的发展，被十个朝代选作都城，究其原因与南京的地理位置、交通条件、经济因素、社会因素和军事因素等有关。十个朝代中又以东吴首次选择南京作为都城最为关键，后期皆是在其基础上再作发展。

（1）地理位置和交通条件

南京地处长江下游，北控中原，南制闽粤，西扼巴蜀，东邻吴越，是连接中国东部和西部、南方和北方的重要纽带。南京城区紧临长江，内有秦淮河，西向可达长江中游地区，甚至四川境内，向东可至淮河和太湖流域，水路交通便捷。如此的区位和交通使得南京能够辐射广大区域，具有不可多得的地理交通条件。

（2）经济因素

对于南京城而言，2 600多平方千米的秦淮河流域可作为其小范围的供给腹地；而作为南京都城而言，富庶的太湖流域和皖南地区可整体作为其大范围的供给基地。

江南气候适宜、土壤肥沃、降雨丰沛，适合农业生产和经济发展。自泰伯奔吴，江南历经春秋战国的吴、越、楚三国，及秦汉两朝开发，经济发展迅速，多地已成为鱼米之乡。江南以三吴地区（吴郡、吴兴郡和会稽郡）最为富庶，六朝时常将其与北方的关中、河东地区相提并论。孙吴所需的钱粮大多仰仗三吴地区供应，为其经济之根本。孙吴建都之初，建业与三吴之间有茅山山脉相隔，水运不通，陆路交通不便。赤乌八年（公元245年），孙权命人开凿破冈渎运河连通秦淮河流域与太湖流域，使三吴地区的物资不需经过江宽水急的镇江，直接运抵南京，减少了水运风险，确保了南京的物资供给。建业"盖舟车便利，则无艰阻之虞；田野沃饶，则有转输之藉"（据顾祖禹《读史方舆纪要》），连接荆州军事区和三吴经济区，成为江南地区建都的最佳地点。与此类似，后期的南朝梁武帝开凿了上容渎运河沟通秦淮河流域和太湖流域。明初定都南京以后，为了开辟直达南京的水运通道，朱元璋在溧水开凿胭脂河，并疏浚高淳境内的胥溪河，建立了南京秦淮河流域—水阳江流域—太湖流域的水路交通。

（3）社会因素

孙氏家族是江东地区以军功出名的次等士族，而协助孙权建立帝王基业的多是南迁的北方豪族，因此孙权想以江南为根据地拓展势力，必须得到当地三吴望族的支持。为了使南北士族能携手共同扶植其政权，孙权既要迎合三吴望族的乡土观念，又要避免选择三吴望族的聚居地作为都城引起北方士族的不满。在此种情况下，孙权选择了从未做过都城的建业为都城，以便团结各方力量与曹魏和蜀汉抗衡。与此类似，西晋末年五胡乱华，北方人口大量迁移到南方。晋元帝司马睿也是在得到江南门阀士族支持和协调好南北士族关系的基础上，才能建立起东晋王朝。当时的建康作为南北士人云集之地，成为都城也就顺理成章了。

（4）军事因素

南京三面环山、一面临水，成山环水抱之势，周边的山岗是冷兵器时代的天然堡垒，它们与长江天险一起，共同组成了拱卫南京的防线。春秋战国时期，南京先后出现了越城、金陵邑等军事性质的城堡。这些城堡皆位于临江控淮、居高临下的地势险要之处。孙吴定都南京，南京的险固地理优势起到重要作用。同时东吴的水军优势明显，孙权只有凭借长江天堑才能发挥其擅长水战的特点，达到割据称霸的目的。而后期的六朝、南唐及明代在选择南京为都城时，也都考虑了其优越的地理形势所造就的军事优势。

（5）风水因素

在科技尚不昌明的时代，风水因素对于古人确立城址也会起到一定的作用。《景定建康志》中写道："石头在其西，三山在其西南，两山可望而挹大江之水横其前；秦淮自东而来，出两山之端而注于江，此盖建邺之门户也。覆舟山之南、聚宝山之北，中为宽平宏衍之区，包藏王气，以容众大，以宅壮丽，此建邺之堂奥也。自临沂山以至三山，围绕于其左，自直渎山以至石头，溯江而上，屏蔽于其右，此建邺之城郭也。玄武湖注其北，秦淮水绕其南，青溪萦其东，大江环其西，此又建邺之天然之池也。形势若此，帝王之宅宜哉。"此外，正因为南京有如此优越的风水条件，所以才能引得诸葛亮发出"钟山龙盘，石头虎踞，此乃帝王之宅也"的赞叹。

1.2.4　都城内选址

历代都城在南京城内的选址与南京城的山水形势密切相关。

（1）南盆地面积较大，且其中地势平坦、较为高亢的区域较大；近源丘陵来水较少，水患威胁较小，适合都城布置。

参照图 1-4 可知：相比南盆地，北盆地内平坦区域面积较小。北盆地中玄武湖面积较大；而据史料记载，六朝时期的玄武湖面积比现今更大，且与长江直接相通。东晋大兴三年（公元 320 年），晋元帝曾在玄武湖训练水军。同时受盆地内的地势影响，北盆地的水自东南流向西北入江，因此六朝时期北盆地内地势平坦且较为高亢的区域面积较小。南盆地西部的内秦淮河区域大于东部的御河和玉带河区域；明代以前，盆地东部有燕雀湖，面积较大，因而盆地东部的陆地面积较小；南盆地的地势呈北边高、南边低，东部高、西部低的趋势，该地势使盆地中的水向南和向东流，因此南盆地内（特别是西部）地势平坦且较为高亢的区域面积较大。

北盆地的玄武湖汇集了幕府山南麓、紫金山西部和西北部大片区域的来水，汇水面积较大，而南盆地的古燕雀湖仅汇集了紫金山西南麓的来水，汇水面积较小。玄武湖和古燕雀湖的来水皆属于近源丘陵来水，此种水源在引发洪水时具有源短流急的特点，极易造成水患灾害。现今南京城外东郊接受紫金山南麓来水的南京理工大学区域，在暴雨期间还会受到水患的影响。南京市为解决城市东部的排水问题，正在准备施工秦淮东河，将东郊的水通过运粮河、秦淮东河引到七乡河和九乡河，排入长江。因此，从南北盆地近源汇水面积和排水路径上可以看出，南盆地内（特别是西部）遭受近源山区洪水的威胁较小。

除近源丘陵来水之外，南盆地还有秦淮河的来水。秦淮河的水量虽远比南盆地内近源丘陵来水量大很多，但秦淮河从源头至南京城长达110千米，城外流域面积为2 600多平方千米，其间有不少沟塘湖泊可对来水量起到调节作用；同时六朝时期的秦淮河比现在要宽阔得多。据《建康实录》记载，东晋时建于秦淮河上的朱雀桥"长九十步，广六丈"，换算可得桥长约130米（古时一步约为1.45米）。正是因为水面宽阔，秦淮河与青溪交汇处的桃叶渡时常出现大风浪，王献之的侍妾桃叶才会有"风波了无常，没命江南渡"的感叹。此外，六朝时秦淮河的宽度也为近年的考古发现所证实。南京市博物馆考古部在老城南颜料坊地块拆迁后的考古勘测中，发现了秦淮河岸的古码头变迁遗迹：六朝时期两岸码头之间的距离宽达130米（恰好与文献记载的朱雀桥所反映的河宽一致）；南唐时，两侧河岸各收窄了约5米；到了宋代，河面大幅度收窄，仅余50米左右；而现存的秦淮河宽度为20米。南唐建都时将秦淮河并入城内，使秦淮河成为城市内河，并开凿落马涧形成城壕南段，同时设置上下水关，至此外秦淮河水可从城壕东段绕行南段西入长江。此外，南盆地西侧即长江，纵使南唐和明代时，大江已经西移，沙洲并岸，但残留的夹江仍较为宽广，明代在河西设置宝船工厂时就考虑了当时的夹江条件适合建造几千吨吨位的远洋大船，因此南盆地中秦淮河的泄水通道较为通畅。综合上述内容可整体判断，秦淮河来水造成的水患威胁没有近源丘陵来水的威胁大。

（2）主要河道流经南盆地，可为都城提供充足的水源和便利的交通。

文献记载，六朝时期的建康城是当时世界上最大的城市，人口达百万；而明代南京城更是大明王朝的政治、经济和文化中心，至明代中叶，南京城人口达120万。城市的发展需要稳定、充足的水源和便利的交通。

北盆地的水源主要来自周边丘陵，近源丘陵来水会呈现"来水猛、去水快"的特点，如果没有人工干预，极易造成水资源的供需矛盾。自南京城区古河道淤塞埋藏后，秦淮河仅在南盆地水西门附近入江，秦淮河的水量远比近源丘陵来水大得多，可为城市发展提供充足的水源。

秦淮河入江口宽阔，江中沙洲发育，自东吴起石头城下秦淮河入江口就是南京的重要港口；同时秦淮河流域较大，从南京都城通过秦淮河和历代开凿的运河可直达都城的经济腹地（太湖流域），因此南盆地兼有长江和秦淮河的交通便利。

明以前的南京都城面积不大，建于南盆地内的平坦且较为高亢之地就足够了。而明代京城在南唐都城的基础上东扩皇城区，北拓军事区，但城市主要功能区（皇城区和商市区）还是位于南盆地内。上述山水形势的影响，应是明代南京城功能区布局的重要考虑要素之一，当然还可能与当时的城市现状、统治者思想观念、军事因素、功能区联系、人工改造能力和城市需求及风水等因素有关。

1.3 良渚古城的地理环境条件

1.3.1 良渚文化和良渚古城

1959年，夏鼐先生将环太湖流域发现的与良渚遗址内涵相同的考古学文化命名为良渚文化。良渚文化距今约5 300—4 300年，是长江下游环太湖地区继马家浜文化（距今约7 000—6 000年）、崧泽文化（距今约6 000—5 300年）之后发展起来的新石器时代晚期文化，是中国古代文明的重要源头之一。

良渚正名

良渚遗址群

良渚文化分布广泛，主要分布于环太湖约3.65万平方千米的广袤地区（图1-13），目前共发现600余处良渚文化遗址。良渚古城是整个良渚文化的核心，是良渚古国的都城，其范围跨瓶窑镇与良渚街道两地，处于一面积达1 000平方千米的C形盆地北部（图1-14）。

2007年，浙江省文物考古研究所发现了震惊世界的良渚古城。经过多年不间断的考古发掘，已对古城的结构布局有了一个基本的认识。良渚古城可分为三重，中心是面积约30万平方米的莫角山宫殿区；其外是由6 000米长的城墙围绕而成的内城，面积约300万平方米；最外侧为以扁担山、和尚地、里山、卞家山等台地围起的外城，面积约630万平方米（图1-15）。古城西北部分布着规模庞大的水利系统，东北部分布着或许与天文观象有关的瑶山祭坛，同时古城外围还存在着广阔的郊区。良渚古城、水利系统和外围近郊的总面积达100平方千米，规模极为宏大（图1-16）。

发现良渚古城

反山和瑶山

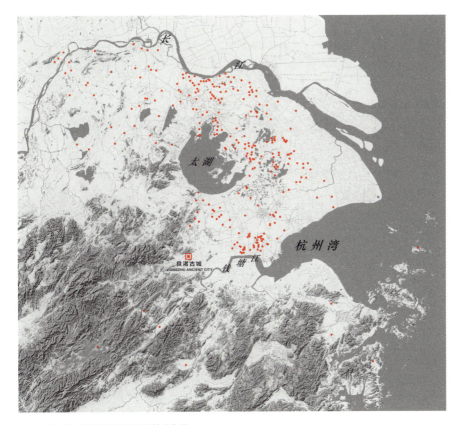

图 1-13　环太湖地区良渚文化遗址分布图

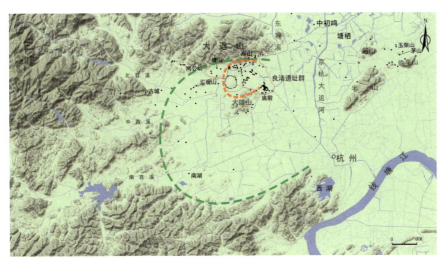

图 1-14　C 形盆地及其内良渚文化遗址分布

图 1-15 良渚古城三重结构、重要台地和水系分布

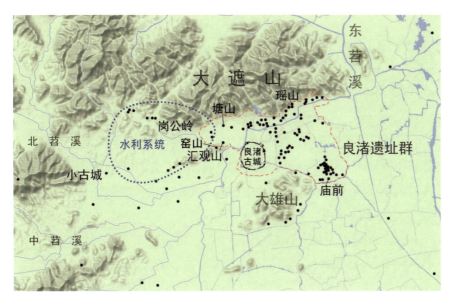

图 1-16　良渚古城、水利系统、外围郊区分布示意图

　　2019 年 7 月 6 日，在阿塞拜疆首都巴库举行的联合国教科文组织第 43 届世界遗产委员会会议通过决议，将良渚古城遗址列入《世界遗产名录》，成为中国第 55 处世界遗产。良渚古城遗址由瑶山遗址区、谷口高坝区、平原低坝—山前长堤区和城址区四部分组成，并通过城址、外围水利系统、分等级墓地（含祭坛）和以玉器为代表的出土物 4 大类人工要素，以及与遗址功能直接关联的自然地形地貌，展现了一个中国新石器时代晚期，以稻作农业为经济支撑、存在社会分化和统一信仰体系的早期区域性国家形态。良渚古城遗址的成功申遗，填补了东亚地区新石器时代城市考古遗址在世界遗产名录当中的空白，同时也标志着中华五千年文明史得到国际社会的公认。

1.3.2 良渚时代的中国与世界

良渚文明

良渚时代的世界

目前考古学界普遍认为，中华文明是一个广义的概念，是指以中原地区为核心，黄河流域和长江流域若干文化区为主体，重瓣花朵式格局的大文明体（图1-17）。中华文明的形成有着深厚的史前基础，是多个具有不同发展谱系的区域文明逐步融合的产物。鉴于良渚文化在追溯早期文明和国家中的重要引领作用及对外影响力，考古工作者甚至提出用良渚时代来指代整个中国距今5 300—4 300年的时间段。那时候的中华大地，群星璀璨，而良渚是其中最为耀眼夺目的一颗。

良渚时代的代表性史前文化主要有良渚文化、大汶口中晚期文化、屈家岭文化、仰韶晚期至庙底沟二期文化、红山晚期至小河沿文化等（图1-18）。这个时代的文化格局大致为中原文化发展较弱，而周边文化发展较为强势。以良渚为代表的早期国家和成熟文明在这个时代开始出现，以犁耕农业为代表的集约农业日益成熟，家畜在肉食来源中占据了绝对主导地位，以玉琮、玉钺和玉璧为代表的高端手礼器传播广泛，出现了良渚和石家河等面积达数百万平方米的超大型城址聚落，聚落内部出现了宫殿区和王陵等要素，社会发展已达到很高的水平。

几乎与良渚同一个时期，尼罗河流域的古埃及文明、两河流域的苏美尔文明、印度河流域的哈拉帕文明（图1-19），都进入了成熟文明阶段，拥有稳定的生产模式、复杂的社会结构、大规模的城市和水利系统。

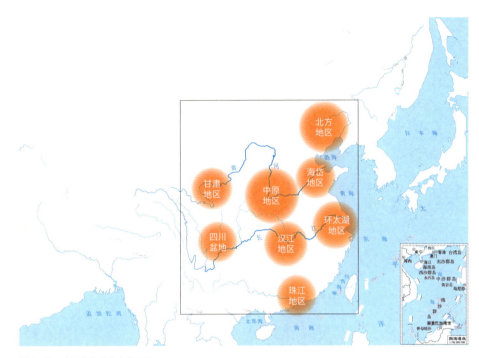

图 1-17 中国史前八大文化区系

图 1-18 良渚时代的主要文化格局

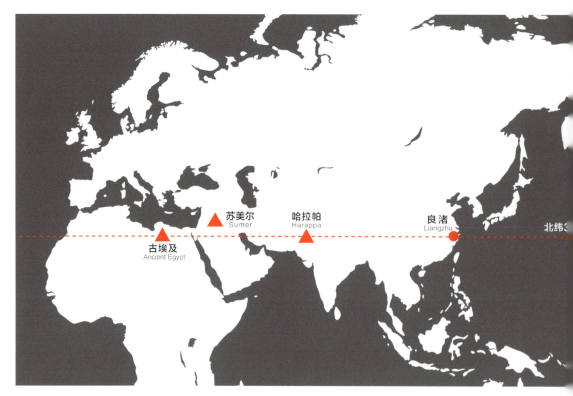

图 1-19 世界范围内早期四大文明分布图

1.3.3 良渚古城区域的自然地理环境与文化发展脉络

良渚古城位于长江下游环太湖地区的南部,一个南北约 24 千米、东西约 42 千米、面积约 1 000 平方千米的 C 字形盆地内(图 1-14)。该盆地处于浙西丘陵山地(天目山余脉)和杭嘉湖平原的过渡地带,北、西和南三面为山地包围,东向敞开,整体地势呈西北高、东南低的趋势。

从现代水系分布来看,本区从南到北发育有三支干流,分别为南苕溪、中苕溪和北苕溪。三支水系在良渚古城上游的瓶窑镇附近汇合形成东苕溪,而后流经古城西北边缘往东,在仁和镇附近北拐流向太湖(图 1-15)。河流分布会极大影响良渚先民的出行、采猎、种植、制玉、选择居址墓地以及防洪抗旱等活动。据地方志记载,现在的苕溪走向是由汉唐时期人工改造而成。考古和研究人员根据周边地貌、地层资料和水文分析认为,良渚时期的北苕溪和中苕溪是往南绕过大雄山与南苕溪汇合后东流,经塘栖一带再转而流向太湖的。

良渚古城一带能够有条件成为王都,得益于地球气候的变迁。距今 11 500 年左右,随着冰期结束,地球春天来临,海平面不断上升。距今 9 000—7 000 年,本区大部分为海水淹没,大量的泥沙慢慢沉积下来。距今 7 000—5 500 年间,由于气候波动变化和泥沙沉积作用,海水逐渐退出良渚地区,形成了如今杭州所在的这大约 1 000 平方千米的平原。良渚成陆,整体气候仍是温暖湿润,原始植被茂盛。

距今 7 000 年左右，良渚一带开始成为人类的家园。马家浜文化的先民最早踏上这片土地，沿着山前的台地定居下来。这一时期已开始种植水稻、饲养家畜，出现了原始纺织业，渔猎和采集是食物的重要来源，但粗耕农业已占很大比重。瓶窑与良渚一带的马家浜文化遗址主要有吴家埠遗址、梅园里遗址、庙前遗址、张家墩遗址、官庄遗址等（图1-20）。

　　马家浜文化在此繁衍生息了大约 1 000 年，发展成为崧泽文化，虽然此时生产力水平和文化面貌发生了很大变化，但是遗址的数量和规模却依然没有太大的改观，人们仍然过着渔樵耕种的田园生活。瓶窑与良渚一带的崧泽文化遗址在上述马家浜文化遗址的基础上，又新增了荀山遗址、官井头遗址、黄路头遗址等（图1-21）。

　　距今 5 500—5 100 年左右，气候由暖湿变为干凉，陆域面积扩大，水域面积缩小，太湖流域的崧泽文化发展为良渚文化。此时太湖流域的文化面貌表现出高度一致，产生了人们共同尊奉的统一信仰；社会分化更加突出，出现了掌握神权的贵族阶层，并创造了一整套标志权力身份和祭祀神灵的玉礼器系统。随着生产力的提高、社会组织能力的加强，以及以水稻为主的农业经济发展，良渚文化的人口得到了迅速增长，因此良渚文化的遗址范围与之前的崧泽文化相比较，出现了数十倍增长的现象。此时的良渚先民已从山前台地向沼泽平原进发，开垦土地，种植水稻；同时堆筑起许多人工台地，规划营建村寨聚落，开始了人类大规模改造自然的历史。

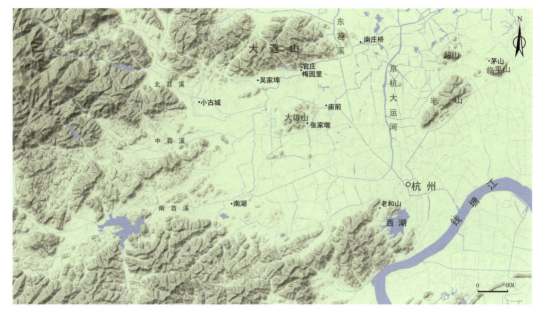

图 1-20　杭州余杭地区马家浜文化遗址分布情况

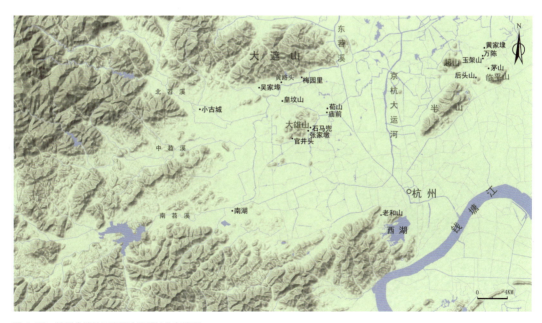

图 1-21　杭州余杭地区崧泽文化遗址分布情况

1.4 良渚古城选址

良渚古城区域的自然地理环境与文化发展脉络

良渚古城作为整个太湖流域良渚文化的都城，为什么会选择在这个看上去地理偏狭的半封闭之地呢？

从比较大的地理环境来看，良渚古城遗址所处的 1 000 平方千米 C 字形盆地三面都被天目山的支脉所包围，盆地的西北部平原上还矗立着以大遮山为主的一组群山，并散落着窑山、汇观山、雉山、前山、凤山、羊山、全山、树山、乌山、茅山、金顶山、荀山等孤立的小山。这 1 000 平方千米的平原湿地，是良渚古城可以直接依托的稻作农业与采集捕鱼经济的来源，而西面与北面的广袤山地，则有取之不尽的山禽野兽和野果珍馐及营建城市和生产生活所需的土木玉石等原料。

在大 C 盆地内，良渚人最终选择在大雄山与大遮山之间一个相对独立的南北约 5 千米，东西约 10 千米，面积约 50 平方千米的地理单元（小 C 区域，图 1–14）中建设他们的都城。考古和研究人员结合良渚时期本区的山水条件和古城布局，参照现代城市选址原则，对良渚古城的选址问题进行了研究，发现良渚古城的选址具有以下特点：

（1）古城选址在小 C 区域可避免水患的影响

天目山系是浙江省最大的暴雨中心，每到雨季，一旦大雨三天，则山洪涌下，溪满成灾。目前该地区的西险大塘还是杭州市抗洪排险的重点区域。城市选址首要的是安全问题，如何避免水患的影响应是良渚人考虑古城选址的重要问题之一。

大 C 盆地三面环山，东向敞开，整体地势呈西北高、东南低的趋势。良渚时期大 C 区内的主要水系（如北苕溪、中苕溪）是往南绕过大雄山与南苕溪汇合后东流，经塘栖一带再转而流向太湖的。因此，小 C 区域受大 C 区来水的影响较小。

古城处于大雄山与大遮山之间。虽然南北山区来水受谷口走向限制大致呈南北流向，但因谷口位置、古城附近高地（黄泥口、扁担山和和尚地）和总体地势的影响，水流直接冲击古城的概率较低，加之小 C 区域总体汇水面积较小，区内河网密布，区东部存在骨干河流，泄洪能力较强，因此，古城选址在小 C 区域可避免水患的影响。

（2）小 C 区域地势平坦、面积较大，且地势较高，适宜进行古城布局

良渚古城的核心区可分为三重，中心为面积约 30 万平方米的莫角山宫殿区，其外分别为面积约 300 万平方米的城墙和面积约 630 万平方米的外郭所环绕，面积巨大。此外，古城东部还发现了分布面积更为广阔的良渚遗址，并依据其聚落性质和距离古城的远近将其定义为古城的近郊。目前，考古人员在古城内的池中寺台地发现了古城的官仓，储有大量的稻米；但并未在古城内发现稻田，因此认为稻米来源于古城以外的良渚文化控制区。2009 年，考古人员在 C 字形盆地东部的临平茅山遗址发现了面积达 80 多亩的良渚稻田遗迹，而茅山遗址的聚落等级与古城东部近郊的水平相当（考古人员将临平附近的聚落定义为古城的远郊），因此考古人员推断良渚人在古城东部近郊也会进行稻作生产。

基于上述对古城和近郊的分析，其选址必然要求一块具有较大面积的平坦地区进行城市和郊区布置，及开展稻作生产，同时区内地势还需相对高亢，以确保足够可利用的土地面积，而小 C 区域满足上述要求。

（3）小 C 区域依山傍水，资源丰富且交通发达

小 C 区域三面环山，一面临水（东部存在骨干河道），区内水网密布，是建立都城的极佳之所。区内南为大雄山，北为大遮山，南北相距仅 5 千米；西距窑山和南山等平原丘陵仅 2-3 千米；西北方向面积更为广阔的彭公区域和北苕溪流域也距小 C 区域不远。周边山区可为古城营建和良渚人日常生产生活提供丰富的诸如木、石、玉、漆和动植物等资源。区内河网密布，有利于良渚人的日常饮用、捕鱼、稻作和手工业等工作的开展。考古人员发现良渚时期还没有发明轮式交通工具，其交通运输主要依赖水路。小 C 区域内河网众多，利于交通，同时顺流而下，即可进入东部骨干河流，其与古城远郊（如临平遗址区）及太湖地区良渚文化遗址间的交流极为便利；相较于此，良渚时期大 C 区域内其他区域虽也可能存在较密的河网，但其河道的主水路方向却需绕大雄山东南而行，而后才能再与相应区域发生联系，其水路交通明显没有小 C 区域方便。

综合上述条件，良渚人将其都城地址选择在小 C 区域。这里看似为地理偏狭的封闭之地，实则为安全和资源丰富的理想之所；此外，本地还具有退可依山据守，出则通江达海的地理优势。从良渚古城沿河道顺流而下，到达太湖只有 60 多千米，进入太湖则可以进入长江，通达四域。

1.5 小结

　　本章基于南京和良渚的地理环境条件，对南京帝都和良渚王城的选址问题进行了分析，发现两城选址存在相似性，主要体现在以下两个方面：

　　在区域选址上，皆布置于山环水抱之间，资源丰富，易于防守；外部水路发达，可达广袤的经济腹地。

　　在区域内具体城址选择时，又综合考虑了水患威胁、建城所需平坦且相对高亢土地面积的要求，及水源和交通条件等因素，与《管子·乘马》篇中对城市选址的论述相合。

玉琮上的鸟纹

第 2 章 多重城垣、功能布局

　　城市是人类文明发展的物质标志。一座古代城市的营建，是一个规模宏大、布局合理、功能完备的科学体系，是当时人类思想与智慧的结晶。而都城，则是等级最高的城市，体现了当时最高的规划设计水平。一座都城，往往设有多重城垣，并进行合理的功能分区布局。

2.1 南京帝都的形制与功能布局

2.1.1 明以前南京帝都的形制和功能布局

明以前，南京曾先后是东吴、东晋，及南朝宋、齐、梁、陈（统称六朝）和南唐七个朝代的都城所在。东吴时的南京城名为建业城，东晋及南朝宋、齐、梁、陈时的南京城名为建康城，而南唐时的南京城名为金陵城。该七个朝代的都城皆位于南京城区的南盆地内，即位于北部覆舟山和鸡笼山、东部钟山、西部石头山、南部雨花台和菊花台岗地之间。

六朝时的建康城主要由宫城、都城、外郭三重城垣构成（图2-1），其核心是最内重的宫城；宫城外围是作为内城的都城（此处的都城相当于后世的皇城，除明代对都城、宫城、皇城、京城和外郭有比较严格的区分外，明代以前的城墙一般沿用学界习惯的名称）；都城之外还有外郭。此外，建康城周围还有石头城、西州城、东府城、白下城、新亭城、丹阳郡城以及秣陵、江乘、江宁、同夏等京郊县城。这些大小城垒构成一道屏障，拱卫着都城，形成六朝时期建康城独特的军事防御体系。

宫城是多重结构的核心。东吴时期的宫城为多宫制，有孙权建造的太初宫，孙皓增筑的昭明宫，具备宫苑性质的苑城（苑城内有仓，名苑仓。赤乌三年，开通运渎漕运于仓，故时人又称其为仓城），以及太子所居的南宫等。除苑城位于都城北部中央外，其他宫室都分散在都城各处，可见这一时期的宫室制度尚不完备。东晋咸和五年（公元330年），成帝在平定了苏峻之乱后，在原苑城旧址的基础上建起新宫城，称作建康宫，又称为台城（由于东晋、南朝总管全国政务的尚书台设在宫城之内，因此这一时期的建康宫城被称为台城)。《建康实录》记载,"(台城)周八里,有两重墙"。按六朝时一里为三百步,一步为六尺,一尺为24.3厘米计算,台城周长约3 500米。依据近年来的考古发掘结果,考古人员认为台城始筑之初,大部分城墙仅用夯土加垒,西南角向外突出的一段甚至一度仅用茆苫,至咸康五年(公元339年),台城才开始用砖包砌。台城是东晋时期最为重要的宫城,并为此后的南朝宋、齐、梁、陈各代所用。

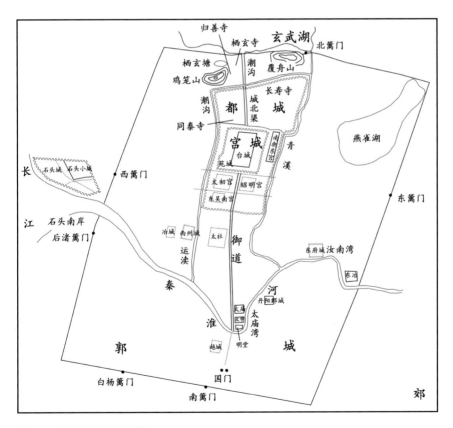

图 2-1　六朝时期南京都城形制

据《南京城墙志》，宫城外围是都城。都城内主要分布着各类府署和部分宗室贵族宅邸等，其空间面积不是很大。据《景定建康志》记载，古都城吴大帝所筑，周围二十里十九步，在淮水以北五千米。依据当时的尺寸计算，孙吴建业城的周长约为 8 776 米，都城的城墙和城门都为竹篱编制（考古人员据南京城南秦淮河南岸发现的木栅遗迹分析，认为当时的篱墙很可能是相间埋设粗大圆木柱，柱间以竹篱相编连）。建业城大致呈东西窄、南北长的矩形形状，以御道为纵贯全城的中轴线骨架，御道北端通苑城，南端通朱雀航，呈北偏东 25°走向。东晋及南朝时的建康城在东吴建业城的基础上并未做大的变更。《景定建康志》上记载："（东吴建业城）东晋及齐梁因之。虽时有改筑，而其经画皆吴之旧"。建元二年（公元 480 年），齐高帝对都城城墙进行改建，将前期的篱墙改为夯土墙和部分段的夯土包砖墙。

都城之外设有外郭，始于东晋初年，是城郊分界线。外郭内分布有大量商市、寺观、官署、贵族府邸、作坊等。六朝时南京的豪门望族多聚居于郭内秦淮河、青溪两岸和潮沟北侧，安置外国使臣的"六馆"也多在郭内。建康城外郭的空间范围远较都城为大，西达石头城，北抵覆舟山，东到东府城，南据越城，将东府城、西州城、丹阳郡城、越城等都城外围重要军事据点囊括在内。外郭是否设城墙，未有记载，据推测仅以自然岗丘或水域为界，也可能设有简易的篱墙，其形状当不规则。外郭的标志是数量众多的篱门，或称郊门。

隋灭陈（公元 589 年）后，南京的发展受到北方中央政权的刻意贬抑。直到杨吴时期，徐知诰在南京建立了南唐政权，南京城再次获得了发展机遇。此时中原诸雄相争，政权更替频繁，战火不息，而当时割据江南的杨吴、南唐政局相对稳定，经济发达、文化繁荣。

杨吴、南唐立国虽仅 70 余年，却在南京古代城墙建设史上具有重大意义，是六朝后南京城市发展的又一次高潮。当时的都城和宫城经过多次大规模的修筑，城墙雄伟牢固，宫室建筑巍峨壮丽。都城和宫城的位置，较六朝建康城更向南移，首次把建康城南秦淮河下游两岸的居民区和商业区包纳入都城之内。南唐都城为此后宋、元两代长期沿用，其城市格局直接影响到明代京城的规划和建设。

南唐金陵城为二重城垣形制（图 1-10）。宫城位于都城中心偏北，平面近似方形，南北略长，周长约 2 620 米。宫城中轴线为南北方向；宫城至都城南门的御街是都城的中轴线也为南北方向，比六朝时期的御道偏西。都城南依雨花台，北靠鸡笼山，东临钟山余脉，西带冶城和石头城；北、东、南三面走向较为笔直，西边以南唐时期的长江天堑作为屏障，顺应江岸线形成西北走向的曲线；南唐城墙周长二十五里四十四步，折合现在的长度约为 14 千米。

秦淮河两岸的居民生活区，是自越城建成后逐渐形成的。秦汉以来，两岸人烟渐渐稠密，六朝时期又有豪门大族建宅其间，成为当时南京居民生活、手工业和商业聚集的中心。东吴的建业城，是由军事堡垒石头城向东开拓的一个新区域，自成一体。建业城和秦淮河两岸的居民区是基于两种不同功能需要而分别发展起来的，两区之间相距甚远且无直接关系。六朝建康城虽然由于都城狭小和居民人口增加，两区的发展互有交融，但主体仍沿袭了宫北市南的格局。

由于六朝都城与居民区相隔离，同时繁荣的六朝奠定了厚实的经济、文化基础，加上优越的自然地理条件和交通枢纽地位，秦淮河两岸的居民区和商业区在隋唐时期并没有遭到破坏。徐知诰营建金陵城时，改变了六朝都城只包容宫殿衙署的旧格局，将军事重地石头城及秦淮河下游两岸的繁华商业区、稠密居民区全部包纳入都城之内，初步形成了政治、经济、军事相结合的城、市统一体。南唐宫城外的御道两边分布着政府官署；包入金陵城内的秦淮河与城墙之间，东、西各形成一个三角形地块——门东和门西，原来的古居民区处于门西地区，而士大夫贵族云集的地区处于门东地区；青溪与运渎周边为六朝北方逃难人口聚集的地区。

2.1.2 明代南京帝都的形制和功能布局

南京在经历了不受重视的宋元时期后，在明代终于迎来城市发展的鼎盛时期。明代南京城具有四重城垣结构，由内向外依次是宫城、皇城、京城和外郭。其中宫城和皇城位于京城偏东位置，规制方正、中轴对称；而京城和外郭没有形式上的中轴线，形状也极不规则。

宫城位于南京四重城垣最里边的一重，坐北朝南，平面略呈南北稍短、东西稍长的长方形，周围有御河环绕，是皇帝日常起居、办理朝政、接受中外使臣朝觐和皇室成员居住的大内禁地。据《大明会典》载：宫城南至午门，以及左掖门、右掖门，北至玄武门，东至东华门，西至西华门，南北各二百三十六丈二尺，东西各三百二丈九尺五寸。换成今制，南北长约 0.75 千米，东西宽约 0.95 千米，周长 3.4 千米。宫城高三丈，约为现在的 9.6 米，而城门所涉城墙高度，比宫城城墙还要高出 1 米以上。

宫城中最为瞩目的是中轴线上的三大殿：奉天殿、华盖殿和谨身殿。奉天殿是宫城中的核心建筑，即人们常说的金銮宝殿，上盖琉璃金瓦，双檐重脊，是皇帝登基并接受文武百官朝贺大典的地方。华盖殿位于奉天殿正北，是一座亭式方殿，是皇帝前往奉天殿之间小憩的地方。每逢春节、冬至和皇帝的生日，都要在此先行接受内阁大臣和宫廷执事人员的参拜，然后才去奉天殿接受百官的朝贺。谨身殿位于华盖殿正北，建筑形式和规模仅次于金銮殿，是一座双重飞檐的大殿。这三座大殿位于宫城的前廷部分；以乾清门为分界线，前朝的后面属于后宫，是皇帝、皇后和嫔妃生活的场所。此外，宫城内还有祭奉朱元璋祖先的奉先殿和专门为"东宫亲王读书"而建的"大本堂"等诸多宫殿建筑群。

明初南京的皇城稍晚于宫城建成，是南京四重城垣由里向外的第二道城垣。洪武初年，皇城城垣以宫城中轴线对称，环宫城等距而筑，坐北朝南，平面呈倒"凸"字形，环以护城河。皇城范围南至洪武门，北至北安门，东至东安门，西至西安门，周"二千五百七十一丈九尺"，折合今制为 8.2 千米。皇城城墙的高度与厚度未见文献记载，但据皇城西安门遗址的考察，发现其基础宽 3 米。古建筑专家依据《营造法式》计算，其墙高约 6 米，顶宽约 1.8 米。永乐三年（公元 1405 年），朱棣下令拓展皇城西垣，将西安门向西止于杨吴城壕东侧的地方纳入皇城内，从而使西安门与西华门间的距离，要比东安门至东华门之间的距离长一倍左右，原先宫城处于皇城的正中位置变成略偏于皇城以东的格局，相应皇城的周长也增加了约 2 千米，约为 10.3 千米，而朱棣如此改建的原因不详。

皇城是中央行政机构和国家宗庙的所在地，也是封建统治中枢的象征。皇城南面正门为洪武门，正对京城的正阳门。进入洪武门后，是一条纵贯南北的御道，并以此为中轴线。宫城外至御道中部两侧分别建有太庙和社稷坛，是标准的"左祖右社"的格局。御道东侧按从南至北的方向分布着工、兵、礼、户、吏等五部及宗人府（唯有刑部置于西北太平门外）；西侧则依次有太常寺及包括后军、前军、右军、左军、中军等"五军都督府"。这些机构基本是按左文右武的格局进行分布。

南京皇城和宫城所形成的布局在继承中国传统营建皇宫的基础上，利用建筑语言在体现并强化皇权思想方面进行了创新，形成有明一代的宫阙制度，对明中都（凤阳）与北京城的皇宫营建产生很大的影响。

京城，今简称"南京城墙"，是明代南京四重城垣由里向外的第三道城垣，其营建自元末起一直延续至整个洪武一朝，历时 28 年才得以完成。京城城墙东连钟山，西据石头，南阻长干，北带后湖，全长 35 267 米（现存 25 091 米），城墙所围面积 41.07 平方千米，是南京四重城垣中保存最为完好的一道城垣。

朱元璋定都南京后，命刘基勘察建造皇宫所在地。刘基最后将皇宫位置卜定于城东的燕雀湖，据说该地是龙盘虎踞的龙头位置，在此修建皇宫能占尽南京的帝王之气。除风水一说外，从当时的现实情况考虑，将皇宫修建于城东也是明智之举。南唐都城为宋、元两代沿用。由于南唐宫城狭小且贴近居民商市区，而皇宫是有一定规格和面积要求的；若将皇宫置于旧城南部，则需大量拆迁而劳民伤财。此时恰处于建国之初，百废待兴，朱元璋很可能为了避免对旧城的大拆大建，而将皇宫选在城东燕雀湖这一空旷地区进行建设，如此也便于实现朱元璋"非古之金陵，亦非六朝之建邺"的都城营建思想，而这一决定也影响了南京城墙的形状。

朱元璋出身行伍，极其重视都城的防卫功能。南京的六朝和南唐都城皆位于城市南部，距离城北的长江天堑较远，留下了巨大的军事防御弊端。有鉴于此，朱元璋将城北靠近长江的区域包入城内，圈山据岗垄之脊筑城。最终明代京城城垣在继承前朝城垣的基础上，在城的东、南、西三面利用南唐旧城进行加高和增固，城东延伸将宫城和皇城包入直至玄武湖南岸，城北则沿玄武湖西岸将城墙向北筑，至湖的西北角转向西逼近长江将狮子山包入，再向南将马鞍山、清凉山纳入，与西面城墙相连，形成了如今北部窄、南部宽的极不规整形状。

明代南京京城内由城东皇城区、城南商市区和城北军事区三大功能区组成，其中皇城区的功能已在前述内容中有所介绍，此处不再赘述。

城南商市区是历代繁华之地，秦淮河两岸居民密集，手工业和商业发达。明初，朱元璋从全国调集大量富民和匠户至京。外迁而来的商人租用政府专门修筑的"廊房"居住和经商，形成了专门的商业街，如现今城南的糖坊廊、裱画廊、书铺廊、绸缎廊和毡货廊，朝天宫附近的红纸廊，城中的明瓦廊和估衣廊等。同时城南一带设有许多作坊区，制造业发达，门类齐全。通常作坊区按工种分类，一个作坊区中可能包括几个编户坊，这些坊既是专业匠户的生产基地，又是他们的聚居地，如城南的鞍辔坊、银作坊、铁作坊、弓匠坊、毡匠坊、箭匠坊和皮作坊等。

秦淮河沿岸商业居民区以北原是杨吴和南唐的宫城区。入明以后，这个地区成为南京名门望族、富贵之家和高官的宅邸区。皇城外西部以六朝宫城范围为主的区域，自隋"平荡耕垦"六朝宫城以后，明初辟为文教和祠庙区。文教区以建于鸡鸣山下的国子监为首，学生最多时可达上万人，其中有许多来自国外的留学生。

明代南京城的北部为城防军事区，其西面和北面濒临长江，山岗起伏，地形险峻，利于防守。明代南京城常年驻军有42卫左右（洪武时期达48卫），约20万人。当时的军事布置分江防、城防、京卫、宫卫四部分。皇城内有羽林左、右卫，皇城周围有锦衣卫、府军等10卫，城防区则有相关各卫营房、军储仓库、教场及其他军事设施等。城北区在当时也是京师粮仓的主要分布地，朱元璋曾下令在此实行军垦，开垦出的田地多达48万亩，建有大型粮仓37处。

外郭是明代南京四重城垣由里向外的第四道城垣。"都城既建，环以外郭；西北据山带江，东南阻山控野。"外郭的建造是对原有南京三重城垣的补充和完善，是朱元璋对南京城战略防御思想的再现，其对后世的都城营建产生了一定的影响。外郭的范围大致从城西的江边向东南过江东门，至夹岗门转向东北，将南郊雨花台一线冈阜制高点圈入郭内，并延伸至外郭最东端麒麟门，转向西北，将钟山及其余脉和玄武湖等河道湖泊全部囊括郭中（其间有明孝陵、皇册库等重要机构），沿郭垣至最北端观音门，顺江岸转向西南，于京城金川门外筑外金川门，并将郭垣延伸至江边，把京城北面的幕府山等"高冈逼岸，宛如长城，未易登犯"的江防高地悉数收入郭内（图2-2）。外郭形状呈菱形，长度为60千米左右，郭内面积达230平方千米。由于外郭是利用丘陵冈阜的有利地形建造的，墙体构筑以土墙为主，所以又有"土城头"之称。外郭西临长江，设有诸码头及商贸客栈及驿站；郭内的北面和东面为大片农田和军队卫所驻扎地；郭垣内的南面，有双桥门所延伸南北之垣，分为东西两个相对独立的空间，东面为天地坛、神乐观、山川坛等重要祭祀场所和外秦淮河水道；西面有大报恩寺、天界寺、天隆寺等寺庙和居民的坊、厢。

明外郭

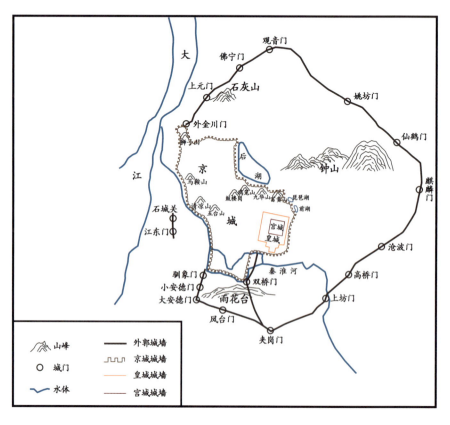

图 2-2 明代南京城的四重城垣格局

2.1.3 明代南京城的历史地位

明代南京城具有四重城垣结构。最中心的是面积约为 71.25 万平方米的宫城，其外是呈倒"凸"字形的皇城。洪武年间皇城与宫城共用南北中轴线，永乐三年（公元 1405 年），皇城向西拓建，改建后的皇城周长约 10.3 千米。第三道城垣是最为雄伟的京城城墙，其走势顺应山水形势，形状极不规则，并利用自然河湖加以开凿沟通作为护城河。京城城墙周长约 35 267 米，所围面积 41.07 平方千米，是当时世界第一大城垣，也是中国现存规模最大的城墙。京城之外还有利用丘陵高冈建造的外郭城，呈菱形，周长约 60 千米，面积达 230 平方千米。明代南京城将风水堪舆、军事防御、城市政治地位及规模、城市内外交通引导和控制、建筑工程、城市防洪等各种功能集于一体，展现了极其丰厚的文化内涵和独特价值，是中国城墙乃至城市设计思想与建造技术的工程杰作与文化结晶，代表着中国几千年城墙发展的巅峰。

南京作为明王朝初期的首都，是南京历史上第一次成为全国统一政权的最高统治中心，集中了封建国家的中央军政机构、最大部分的物质财富，以及数量众多的城市人口，尤其是官僚士绅猬集于此。明初南京的总人口约为 70 万，是当时中国规模最大、人口最多的城市；至明代中叶，南京人口达到 120 万，成为当时世界上最大的城市。

明初，南京集中了全国主要的官营手工业，如织造业、印刷业、造船业等，其机构庞大，门类齐全，产量可观，盛况空前。这些官营手工业，征调了全国各地的工匠前来轮班服役。如洪武年间全国被征调的轮班工匠总计约 20 万，而到南京服役的就达 13 万人。彼时，南京既是全国的政治中心，又位于东西沿长江一线、南北沿大运河一线的运输交会之处，"绾四方之毂"，交通发达，加之城内众多人口物资造就的庞大消费市场和商贸基础，吸引了全国各地的商人和各国朝贡使节来此进行贸易，使政府税收大幅增加。

公元 1405 年，郑和率领由 240 多艘"宝船"和 27 000 多名船员组成的庞大舰队，从南京龙江关出发远航，前后七次"下西洋"，陆续到达东南亚、印度洋沿岸 30 多个国家，最远到达非洲东部和红海沿岸，开辟了贯通太平洋西部与印度洋的航线。这一系列航行比哥伦布远航早 87 年，比达·伽马早 92 年，比麦哲伦早 114 年。郑和下西洋在航海技术、船队规模、航行距离、持续时间等方面均领先于同一时期的西方，创造了世界航海史的奇迹。郑和下西洋通过向海外宣扬中原王朝的富强与明成祖的威望，使得海外诸国纷纷前来朝贡，明帝国的朝贡体系由此达到顶峰。而南京作为当时的首都，以及郑和下西洋的出发地，自然成为海外诸国通使、朝贡、贸易的目的地。为接待这些大量来自海外的使团和商队，明政府在皇城西侧建造了专门的馆驿（"会同馆"和"乌蛮驿"）供其住宿及开市交易。为了解外国国情与发展情况，明政府开设了中国古代第一所官方外语教学与翻译机构"四夷馆"，专门翻译外国文献，使得中国对世界的认识更加全面深入。此外，还有大量来自日本、朝鲜、琉球、暹罗等国的学生，就读于明朝的全国最高学府"国子监"。可见，至明永乐时期，南京已发展成为东亚范围内最国际化的城市。

明永乐迁都之后，南京官营手工业（如造船业）逐渐衰落，而民间手工业（织造、印刷等）开始抬头，转运贸易更为发达，到明万历年间，南京达到了明代的极盛时期。如 1595 年意大利传教士利玛窦访问南京后认为，"南京是全世界最美丽、最伟大的城市，比所有欧洲城市都好"。又据曾德昭（原名"奥伐罗·塞默多"，葡萄牙传教士，1613-1636 年在中国传教，后返回欧洲）在《大中国志》一书中记载，"它（南京）是全国最大最好的城市……无数的宫殿、庙宇、楼塔以及桥梁，使城市显得非常壮丽"，这些记录都反映了南京当时的繁荣景象。

2.2 良渚古城的形制与功能布局

良渚古城南北长约 1 910 米，东西宽约 1 770 米，总面积约 300 万平方米。小 C 区域内依托着凤山、雉山和前山的这片绿洲面积最大，周边分布着大片的水域和湿地。该片绿洲正好处在北部大遮山、南部大雄山与西面窑山的三山居中位置，距离三面的山都有近 2 千米，有一种以山为郭的感觉，而这种山环水抱的位置，正是建城的理想之地（图 1-16）。

城内中心位置为高十几米的莫角山宫殿区台地（图 1-15），其中莫角山台基呈规则的长方形，东西长约 630 米，南北宽约 450 米，面积近 30 万平方米（约占古城面积的十分之一），其上继续堆筑了大莫角山、小莫角山和乌龟山三个宫殿台基。莫角山宫殿区堪称中国最早的宫城，相当于后世的"紫禁城"。

反山王陵位于莫角山宫殿区的西北部，是一座东西长约 130 米、南北宽约 60 米，海拔约 12 米的人工堆筑土墩（图 1-15）。考古工作者于 1986 年在反山发掘出 11 座良渚文化早中期的大墓。墓主人是集首领与巫师于一体的显贵统治者，而且有着明显的职能分工与位次高低。其中南排的 M12 大墓最为显贵，其墓葬位列各墓中间，墓坑规格最大，出土了著名的玉钺王和玉琮王。

莫角山宫殿区西面的姜家山、南面的皇坟山和桑树头等台地，据推测也都为与莫角山同期的不同功能宫殿区建筑基址，其具体内涵还有待以后的考古认识。2017 年，在莫角山宫殿区南面的池中寺台地发现了大量炭化米遗存（图 2-3），其堆积总体量约为 6 000 立方米，估算有 20 万公斤，可称为国家官仓；该台地北侧与莫角山宫殿区相连，其余三面皆为水域，易于防火和运输。莫角山宫殿区、反山王陵、姜家山、池中寺、皇坟山和

炭化稻谷层

图 2-3　古城内出土的炭化稻谷

桑树头等大型台地围合的面积约占城内面积的 1/3，构成了城内的核心区（图 1-15）。城内其他人工堆筑的高地一般呈长条状与古河道相间分布，形成沿河而居的建筑模式。这种模式可充分利用江南水网的优势，既有交通运输之便，又利于生产生活。

古城城墙周长约 6 000 米，宽 20—150 米，墙体残存最高约 4 米，围合呈圆角长方形，正南北方向。在城墙的选址设计时，良渚先民有意将凤山和雉山两座较高的石头山，设计为城墙的西南角与东北角（图 1-15），并沿着原有的陆地边缘堆筑起四面呈长条弧形的城墙，而在两座山的制高点处可以清楚地观察城内外情况。城墙由主体和内外凸出的缓坡组成，共发现此类缓坡 52 处，其中内凸缓坡 24 处，外凸缓坡 28 处。水路是良渚时期主要的交通方式，城墙内外均有河道分布，每隔一段凸出的缓坡伸入内外城河,形成一个个小的河湾,凸出部分可作为码头使用。考古勘探发现,良渚古城的四面城河中都有大量良渚晚期的生活废弃堆积,这些废弃堆积持续了约几百年;而城墙上还发现房屋建筑基址,这些都说明古城城墙主要是作为良渚先民的居住地,与后世城墙主要用于防御的功能有所不同。

良渚古城城墙

城墙共设有8座水城门和1座陆城门(图1-15)。每面城墙各有2座水城门,宽度一般为30—60米,西城墙的两座水门稍窄;城墙南部地势略高,未发现外河,相应在南城墙的中部,良渚先民设计了一座由3处小型夯土台基构成的陆城门,呈对称状布局,形成4条出入城墙的门道。通过上述水门,古城内外河道可连接起来,并与外部更大的水域相通,整个良渚古城犹如一座水城。

良渚古城城墙外围的北、东、南以及西南,分布着许多长条形高地,它们呈现一种半围合的状态,唯西北部原来分布着大面积的沼泽水面,所以未修筑外郭台地。这些长条形台地一般都是在沼泽地上由人工堆筑而成,宽40—50米,高2—3米,内外临水,是良渚先民的居住地。上述台地构成良渚古城的外郭城形态,南北相距约2 700米,东西相距约3 000米,围合面积约6.3平方千米。

考古工作者依据多年的勘探成果,发现早期古城内的台地主要分布于莫角山北侧、南侧,主河道、内城河两岸。早期城内河道较多,随着时间的推移,城内许多河道被生活垃圾填埋,有些地方又重新在垃圾层上铺垫黄土,形成新的生活区。因此良渚晚期,城内减少了许多小河,而居住范围扩大。同时,由于晚期城市人口数量的增加,在扩大城内居住地的同时,四面城墙上也居住了大量的人口,因此内外城河中都留下了大量的生活堆积。

此外,良渚先民在城外四面修筑居住地形成的外郭,最终在良渚晚期形成了以莫角山宫殿区为中心,向外依次为城墙和外郭的城市格局。从莫角山宫殿区、城墙到外郭,其堆筑高度由内而外逐步降低,显示出一种等级差别,这是中国古代都城由内而外多重结构的滥觞。

古城外郭-卞家山

良渚古城数字沙盘

考古工作者在卞家山遗址中发现了数以万计的陶器残片和大量石、木、骨、漆、竹等制品,说明卞家山是主要的手工业作坊区之一;在文家山遗址中发现了20多件石质钻芯,这些石器加工废弃物说明文家山也存在制石的作坊区。此外,结合卞家山遗址,文家山遗址,西城墙葡萄畈出土的漆木器残件和玉石陶器加工废弃料,钟家港河道出土的玉石钻芯、石钺坯件以及木盘半成品(图2-4),及目前考古尚未在古城范围内发现良渚稻田遗迹等信息,推测良渚古城除居住有贵族和统治者外,还应居住着大量的手工业工匠。这相对古城东部的近郊和远郊,说明良渚时期产生了明显的城乡分野现象。

良渚先民一般居住在自然高地或人工土墩之上。考古工作者统计了城内土台(莫角山台地除外,该处为贵族所居住,人口应不会太多)、城墙和外郭的面积,并采取聚落人均占地面积的方式粗略估算了古城的人口规模,在15 200—22 900人左右,中间值约为19 000人。

漆器

木器坯件

玉钻芯

石钻芯

图2-4 古城内出土的手工业遗迹

城内大量的人口必然需要发达的农业进行支撑。鉴于古城内居民并不从事农业生产,而池中寺台地却储存着大量的粮食,推测城内的稻米应是由古城郊区及良渚遗址(群)以外的居民专门提供的(即当时可能产生了贡赋制度或贸易交换),而后通过古城内外发达的水路运输到达此地。

规模庞大的良渚古城在中国城市建设史上具有划时代的意义。莫角山宫殿区堪称中国最早的宫城,其面积要远远超过年代更晚的龙山时代的其他城址,以630万平方米的外城计算,其面积一直领先了1500年,要到距今3500年左右的郑州商城才被超越(表2-1)。良渚古城宫殿区、内城和外城的格局类似后世都城宫城、内城和外郭的三重结构体系,是中国最早的三重城市格局,具有重要的开创意义。

良渚古城的规划和功能布局

良渚古城的价值

从世界范围看,良渚古城遗址尽管没有发现成熟的文字体系和青铜冶炼技术,但仍可比肩苏美尔文明的乌尔城、乌鲁克城(伊拉克),古印度的摩亨佐·达罗城(巴基斯坦)和南美洲的卡罗尔-苏沛圣城(秘鲁)等遗址(图2-5和表2-2),成为人类早期文明产生的伟大城市遗址之一。

表2-1 中国史前城址要览

代表性遗址名称	距今年代/年	地理环境水系流域	区域文化谱系	生业方式	规模/万平方米	空间形制	代表性器物
良渚古城遗址	5300—4300	长江下游	良渚文化	稻作农业	630	三重	玉器
石家河遗址	5100—4000	长江中游	石家河文化	稻作农业	210	多重	玉器
两城镇遗址	4300—4000	黄河下游	山东龙山文化	旱作农业	265	三重	陶器
陶寺遗址	4300—4000	黄河中游	中原龙山文化	旱作农业	300	两重	陶器
石峁遗址	4350—3850	黄河中游	龙山文化	旱作农业	425	三重	玉器

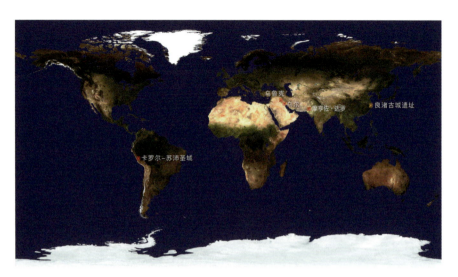

图 2-5 良渚古城遗址与全球范围内早期文明起源地的重要城市遗址分布图

表 2-2 良渚古城遗址与全球范围内早期文明起源地重要城市遗址对比简表

遗址名称	区域	文明	距今年代/年	生业方式	城址规模/万平方米	大型建筑	文字	代表性器物
良渚古城	东亚	良渚文明	5300—4300	稻作农业	630	城墙、墓葬、宫殿、民居、手工业作坊、粮仓、祭坛、堤坝	刻画符号	玉器、漆器、陶器
乌尔城	西亚	苏美尔文明	5800—4000	旱作农业	60	城墙、神庙、墓葬、宫殿、灌溉系统	早期文字体系	金银器、玉器
乌鲁克城	西亚	苏美尔文明	5500—5100	旱作农业、畜牧业	81	神庙、公共建筑、墓地、民房、观星台	象形文字	金银器、铜器、陶器
摩亨佐·达罗城	南亚	哈拉帕文明	4500—3500	旱作农业	240	城墙、住宅、学校、公共浴室、粮仓、排水设施	文字符号	铜器、石器
卡罗尔-苏沛圣城	南美	小北文明	5000—3800	渔业、农业	66	阶梯状土堆、仪式中心、分等级居住建筑	结绳文字	石器、骨器、木器

2.3 小结

本章对南京帝都和良渚王城的形制和功能分区进行了阐述,发现两城存在较多的相似性,同时也有一定区别,其异同主要体现在以下四个方面:

两者皆为多重结构,核心区域位于最内重;

两者既崇尚居中对称,又顺应自然山水,同时重视对制高点的控制;

两者皆为同时期最大城市,城内功能布局合理,具有城乡分野和外部供给的特征;

良渚古城是在湿地平原上营建而成的,其城墙和外郭的主要功能是供良渚人居住,而南京城墙的主要功能是防御,因而才有其高坚甲于海内之说。

龙首纹玉镯

第 3 章 水管工程、交通运输

　　水是地球上生命赖以存在的基础,无论是干旱还是洪水都会给人类的生命和生存带来直接的威胁。世界上许多民族都有关于洪水的传说,而对水的治理和利用则是人类文明的标志。南京帝都与良渚王城都位于河网密布的长江以南地区,对水系的管理与利用,是两座都城所面对的相同课题。

3.1 南京帝都的水资源管理系统

3.1.1 明代南京城墙的水关涵闸

明代修筑南京城时，为便于城内外水系的沟通和控制，在南京城墙上留有若干通水涵洞。《南京水利志》《南京市政建设志》《南京城墙志》等文献对城墙上的水关涵闸有所记载。河海大学受南京城墙保护管理中心委托于2019年对南京城墙的水关涵闸遗存情况进行了现场调研，见表3-1。所调研的25处涵闸中，8处为位于城东的进水涵闸，17处为位于城西及城北的出水涵闸（图3-1）。通过上述水关涵闸，玄武湖向西经大树根闸与北盆地的内金川河相通，向南经武庙闸和太平门闸与南盆地水系沟通；琵琶湖、前湖和东南护城河通过琵琶闸、半山园闸、朝阳门水关和铜心管闸与城内水系相连；东水关控制内外秦淮河的连通；西水关、铁窗棂涵和乌龙潭涵承担南盆地的排水作用，清凉山涵—新民门涵等承担北盆地的排水作用。

水关涵闸包含两种类型：（1）水关，既可通水也可过船。南京城墙在跨越内秦淮河的东、西两端处，分别设置了结构基本类似的东水关和西水关；在金川河东侧城下设置了北水关；在东南护城河处设置了朝阳门水关。（2）涵闸，只沟通和控制水系，不可过船。南京城墙于内外河流、湖泊进出水处设置了多达20余处的涵闸。上述水关涵闸中，有19座至今仍在使用，但大部分经过改建或新建，仅东水关和武庙闸保存较为完好。以下仅以东水关和武庙闸为例对明代南京城墙的水关涵闸进行简要介绍。

表 3-1　明代南京城墙水关涵闸汇总表

序号	涵洞名称	位置	功能	遗存情况
1	东水关	通济门南侧	进水内秦淮河	改建，在用
2	西水关	三山门南侧	出水外秦淮河	新建，在用
3	北水关	金川门	出水金川河	不存
4	朝阳门水关	朝阳门附近	进水东明御河	不存
5	武庙闸	市政府内北侧	进水珍珠河	改建，在用
6	太平门闸	太平门西路北	进水古青溪	改建，在用
7	琵琶闸	后宰门小区北侧	进水香林寺沟	改建，在用
8	半山园闸	前湖西侧	进水玉带河	遗址，在用
9	铜心管闸	南京航空航天大学（明故宫校区）东	进水东明御河	改建，在用
10	大树根闸	玄武湖西侧	进水金川河	改（新）建，在用
11	铁窗棂涵	涵洞门	出水外秦淮河	改建，在用
12	乌龙潭涵	老石城桥旁	出水外秦淮河	改建，在用
13	清凉山南涵	原轴套厂内	出水外秦淮河	不存
14	清凉山北涵	清凉门北侧	出水外秦淮河	改建，在用
15	石头城涵	原跳伞塔西北	出水外秦淮河	改（新）建，在用
16	草场门涵	原草场门	出水外秦淮河	新建，在用
17	总工会干部学校涵	草场门附近	出水外秦淮河	新建，在用
18	定淮门涵	定淮门	出水外秦淮河	改建，在用
19	老虎洞涵	华严岗西南	出水护城河	可见暗涵，废弃
20	归云堂涵	归云堂西	出水护城河	改（新）建，在用
21	四望山涵	小桃园	出水护城河	废弃
22	挹江门涵	挹江门	出水护城河	不存
23	狮子山涵	兴中门	出水护城河	改（新）建，在用
24	新民门北涵	新民门多伦路	出水护城河	改（新）建，在用
25	新民门南涵	新民门多伦路	出水护城河	改（新）建，在用

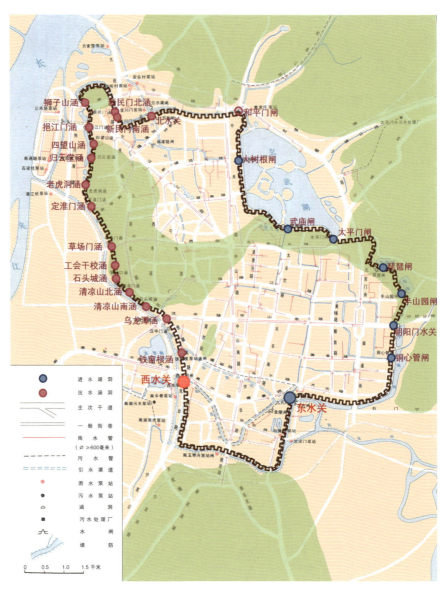

图 3-1 明代南京城墙水关涵闸分布

（1）东水关

东水关位于秦淮河入城处，通济门西南侧，也称"上水关"或"通济门水关"。外秦淮河水流到这里便一分为二，一股顺城墙外侧流过，成为护城河；一股穿关入城，汇入内秦淮河。

六朝时期，东水关所处位置位于都城之外，是通往苏州和浙江方向的交通枢纽。杨吴大和四年（公元932年），金陵府尹徐知诰下令扩建金陵城，将十里秦淮纳入城内，并在秦淮河进出城处设置了上、下水门。明朝初期，朱元璋建造南京城时，在原上、下水门的基础上扩建了明代的东、西水关。

东水关设有大小33个券洞，分3层，每层11个洞，水关整体及券洞均为条石砌筑，只有最上面一层的拱洞周围及顶部以城砖加覆。上、中两层22个洞为藏兵洞，以增加水关的防御机动能力；下层11个洞是过水涵洞。过水涵洞均设有三道门：前后两道为防止敌人潜水进城的栅栏门，中间一道为控水的闸门。11个进水涵洞中大多装有固定铁栅门；而中间一洞稍大，可通船，其以活动式铁栅替代固定性铁栅。1958年，受拆城风波影响，东水关上层已毁，中、下两层犹存（图3-2）。

从水系调控的角度来看，东水关的功能主要有两项。一是引水调水：从东水关可引外秦淮河入城，维持城内河道水位，保证城内水运交通及生产生活等用水。二是防洪排涝：当秦淮河洪水来袭时，可关闭水关避免洪水对城内的影响；而当城内积水时，可打开水关将水向护城河排出。

图 3-2　东水关

(2) 武庙闸

武庙闸位于玄武湖解放门附近,是从玄武湖引水入珍珠河的入口。武庙闸的历史最早可以追溯到三国东吴时期。东吴宝鼎二年(公元267年),孙皓开城北渠引后湖水流入新宫,巡绕殿堂。刘宋大明三年(公元459年),在此作"大窦"引湖水入华林园内的天渊池,沟通宫内诸溪,使水长流不断。明初,朱元璋建都南京时,对武庙闸进行修造,称"通心水坝"。清同治时期,位于今南京市政府大院内的府学旧址被改作"武庙",因此闸位于武庙之后,遂改名为"武庙闸"。武庙闸经后期不断的维修至今仍在使用,是南京使用时间最长的水闸。1988年,武庙闸作为明城墙的一部分,被列为第一批全国重点文物保护单位。

武庙闸的结构设计十分精巧。临湖进水廊道修建成弯曲形,长约40米,水流其中呈不断滚动状,减缓了入闸湖水的流速(图3-3)。闸前顶部设有矩形深槽(闸室),宽3.1米,长7米;在深井上方平台尚可见四块两两相对、用于启闭闸门的绞关石。

图 3-3　武庙闸

深槽下接穿城涵洞（"灵福洞"）。穿城涵洞为 150 节金属圆管，总长约 140 米，其中铜管 107 节，长约 103 米；铁管 43 节，长约 37 米。圆管上跨以两重砖券，其中第一重券分布在水闸之间管线处，全长 70 余米，为三券三伏，相当于水窗做法；第二重券在上部城垣处，为五券五伏，相当于城门做法。这种砖券结构有利于分担城垣和湖堤重量，避免管道受压破损。涵洞中还有一把随水流不断旋转的链刀，能将湖水所携带的杂草斩断，不使水路堵塞。

穿城涵洞在城墙内出口与铜管紧接处，还有一个条石砌成的方井。方井下方安装有两套正方形可以上下启闭的铜铸件（闸门），每套铸件由上下两片组成，重约 5.5 吨，铸件边长 1.30 米，厚 0.25 米。下片固定有 5 个排水孔，称为"阴穴"；上片有 5 个凸起，称为"阳角"。两片铸件合并时，凸起与排水孔正好对应，严丝合缝。在上片铸件的正中有一直径约 0.09 米绳孔的铜钮，以铁索连接地面上的绞关进行启闭。

武庙闸是从玄武湖引水到城南内秦淮河的主要入口，至今仍用于冲洗珍珠河、内秦淮河等城内河道，及保持南盆地的河道水位。

3.1.2 明代南京城的水系调控

（1）明代南京城水系调控面临的主要问题

明代南京城水系调控主要面临两大问题：一是江河来水过多造成的洪涝灾害；二是供水不足而需求量较大导致的供需水矛盾。其中防洪排涝是调控的首要目标。

据史料统计，南京地区自西汉惠帝五年（公元前190年）至2010年的2200年间，共发生水灾（未包括水旱交错灾害）283次，平均约8年一次。东晋元兴三年（公元404年）二月，南京城发生重大水灾，"庚寅夜，涛水入石头，商旅方舟万计，漂败流断，骸胔相望。江左虽有涛变，未有若斯之甚"；"己丑朔夜，涛水入石头，漂没杀人，大航流败"。

南京容易发生洪涝灾害的原因主要有三个：

其一，南京地处长江下游，城区又位于秦淮河入江口，导致南京易在汛期受长江和秦淮河洪水的影响，这是南京易受洪涝灾害的地理因素。

其二，南京的降水量年际变化大，年内分配不均匀，暴雨量大且集中，这是形成洪涝灾害的基本因素。南京全年有三个明显的多雨期：4-5月的春雨期、6-7月的梅雨期和8-9月受台风影响的秋雨期，三期的总雨量占全年降雨量的70.6%。梅雨特别是涝黄梅雨量大，容易导致严重的洪涝灾害，据统计涝黄梅大约每4年发生一次。

其三，南京城区地势低洼是导致其容易发生洪涝灾害的地形原因。城区内南北两盆地地面标高约6-10米，而长江汛期水位可高达10.22米（1954年8月），秦淮河汛期水位可高达10.74米（1991年7月），可见在长江和秦淮河汛期，两者的洪水水位均高于南京城区地面。

南京的洪涝灾害受长江和秦淮河影响的频率是不同的，多数洪涝灾害是受到秦淮河的影响，其原因主要是两者的流域范围、洪水形成原因及洪水过程等不同。长江南京段的洪水主要受上游来水及潮汐顶托的影响，但由于长江流域范围大，水系自我调节能力强，沿线有多个滞（行）洪区（湖泊），因而长江南京段形成大洪峰的频率相对较低。而秦淮河流域属丘陵山区，暴雨时形成的汇水呈扇形向干流汇集，源短流急；同时秦淮河流域范围相对较小，上、中游调蓄能力较弱，因此容易在雨季形成洪水，具有洪水上涨快、水位高、洪峰次数多的特点。

南京发生大规模、较为严重的洪涝灾害主要是受长江的影响；如果长江和秦淮河同时发生洪水，就更容易导致南京出现大的洪涝灾害。如1931年7-8月，长江中下游地区连续出现多次大暴雨，长江干流水位迅速上涨，出现流域型特大洪水；而同年7月，南京降雨日数达23天，雨量达619毫米；长江和秦淮河同时发洪水导致了南京严重的洪涝灾害：整个南京城除紫金山脚、雨花台畔等高地外，一片汪洋，全城淹水处可行舟，小船经成贤街可一直撑到太平门。

除洪涝灾害外，尽管南京依傍长江，又有秦淮河穿城而过，但仍然会遇到旱灾。据统计，南京地区自西汉惠帝五年（公元前190年）至1989年约2200年间，发生旱灾共168次，平均10-13年一次；旱涝交错共38次。南京最严重的旱情发生在明末清初，从明崇祯九年（公元1636年）至清顺治元年（公元1644年）的9年中，除1642年未记载旱情外，其余8年均有旱灾。大旱时节"遍野如扫"，有时还遭遇蝗灾，田间颗粒无收，出现"道殣相望""人相食"的景象。

导致南京出现旱灾的主要原因之一是本地区降水量年际变化大，且年内分配不均。由于梅雨量的多少很大程度上决定了当年的降雨量。如果高温少雨，特别是梅雨量稀少、蓄水不足以及江河上游来水偏少，加之对应时间内蒸发量较大，就会导致南京出现旱灾。有两类黄梅会导致旱灾：早黄梅和旱黄梅。如，南京1961年的黄梅属于早黄梅，入梅和出梅偏早，虽降水量不少，但出梅后，即进入伏旱；而1958年则为旱黄梅，梅雨期只有3-4天，梅雨量只有5-50毫米，出梅后就进入盛夏酷暑，形成严重干旱。据统计，南京出现早黄梅约 4-5 年一次，旱黄梅约 13-14 年一次。此外，每年 5-8 月，由于南京地区性小气候、强对流天气以及受台风影响等因素，有时会出现先涝后旱或先旱后涝的旱涝交错灾害。

秦淮河流域范围较小，源短流急，这既容易导致洪水的产生，也会在冬、春季（每年 12 月 - 次年 2 月）形成明显的枯水期，甚至在用水量、蒸发量较大的夏季，也会出现低水位。据水文资料显示，秦淮河东山站曾出现河床干涸现象（1979 年 12 月），武定门闸上水位也曾低至 3.41 米（1965 年 2 月）。

明代建都南京后，城市面积扩大，人口增加，对城市用水提出了极高的要求。据文献记载，由于战乱，朱元璋刚入城时，南京人口尚不足 10 万。明朝建立后，经过一段时间的休养生息，洪武二十四年（公元 1391 年）时，南京城的居民已达约 47 万人。加上城内驻军，明初洪武、建文、永乐三代，南京城实有人口约为 70 万（不含流动人口），是当时中国规模最大、人口最多的城市。至明代中叶，南京人口已达 120 万，成为当时世界上最大的城市。

除了人口增加带来的用水需求外，明代南京发达的手工业也造成用水需求的大幅增长。据文献记载，明初南京城的手工业十分发达，手工业匠户有 4.5 万户，近 20 万人，约占全国匠户数的 1/5。南京城的手工业部门很多，全城共有 100 多个行业，其中生产规模和技术水平较为突出的是丝织业、造船业、印刷业等，这些手工业的生产和经营无一不需要用水。

（2）明代南京城水系调控措施

根据文献资料，明代南京城进行水系调控措施主要包括"疏、防、蓄、控"四个方面。可以看出，除了当时没有泵站外，明代的水利调控措施基本已经与现代无异了。

① 疏浚排水

明代非常重视对护城河、玄武湖等环城水系及城内水系的疏浚，这类疏浚工程在文献中多有记载。洪武元年（公元 1368 年）冬十月丁酉，浚后湖（今玄武湖）及石灰山龙湾（今下关一带）河道。洪武五年（公元1372年）十二月甲申，大体完成京城护城河的修浚工程。洪武七年（公元1374年）十二月辛丑，"凿石灰山河，开民地六千余亩。上命给白金偿之，除其税"。永乐元年（公元1403年）曾派民夫对淤塞的"龙江复成桥"处进行疏浚。对河道的疏浚，不仅能够保证水系的交通运输功能，还能改善河道水流流态，增强南京城的防洪排涝能力。

明代南京城内设置了完善的排水体系，利用地形走势，使得城内积水由高处流向低处，最终经涵闸排出城外。据文献记载，东晋时期，南京城内即开始采用"开御沟"来解决御道路面积水的问题。六朝至南唐时期，南京城内就设有排水的暗沟和明渠。明清时期，城南秦淮河两岸的街巷，建有用于排水的砖砌方盖沟，如门东和门西官沟。而明故宫还在地下设有多条排水沟道，用条石铺成，采用分区排水方案，使雨水可迅速排出宫外。

② 修建堤防

早在东吴时期，秦淮河沿岸就设有"横塘"（河堤），还修建了夹淮立栅（用木、石等修筑的栅栏）工程，以保障秦淮河沿线不受水患威胁。梁武帝也曾在今光华门至石头城以南一带筑"缘淮塘"（沿秦淮河南、北岸的河堤），以防河水涨溢而伤害城区百姓。明代不仅对河堤进行维修加固，还曾在南京京城城垣的太平门外，修筑太平堤，以备（玄武）湖水潦溢。

③ 湖泊拦蓄

明代为了避免洪涝和干旱灾害，与现代一样，利用河湖进行拦蓄，以便在枯水期及旱季用水。明代南京城附近的湖泊主要有玄武湖、前湖和琵琶湖等。这些湖泊不仅可以拦蓄紫金山的洪水，避免对城区的侵袭，还可以通过武庙闸、太平门闸、琵琶闸和半山园闸将水导入珍珠河、香林寺沟、玉带河、青溪和御河等，进而保证城市的用水。

自东吴以来，北盆地的玄武湖即被作为南部城区的调蓄水库，可经武庙闸等自流到南盆地水系。公元240年，孙权命人凿运渎以向宫中运送物资，其水源主要引自秦淮河，但宫城地势较高，河水常有不济，于是又开凿潮沟自玄武湖引水连通运渎，以确保其水长流不衰。而作为反例，北宋王安石曾采用"泄湖为田"的方式，以图解决玄武湖逐渐淤浅、趋于荒废的问题。于是在玄武湖中开挖了十字河，设立了4个斗门，排去湖水，改湖为田。然而，由于少了玄武湖这样一个大型湖泊（水库）的调蓄，周围地区抗灾害能力明显下降，南京城陷入"雨则涝，旱则涸"的尴尬境地；城内不少河道因缺水而淤塞，很多地方甚至连饮水都成了问题。

④ 涵闸取控

明代南京城水系调控最直接和有效的措施是利用水关涵闸对城内外的水流进行控制，以实现对城内提供稳定的供水，保证生产生活、交通、环境等需要。其中，主要依靠东水关、武庙闸等进水涵闸，从玄武湖、秦淮河、东南护城河等处引水入城，从西水关、铁窗棂涵等出水涵闸将城内积水排至护城河，从而实现灵活调控城内水系的效果。

（3）明代南京城的水系调控运行方式

明代防洪排涝方式可根据秦淮河和长江洪水的遭遇情况分为三类：

① 如果仅南京秦淮河流域发生暴雨洪水，可关闭城东的东水关、武庙闸等8处进水涵闸，避免外秦淮及玄武湖的洪水进入城内；同时打开城西和城北的西水关、铁窗棂涵等17处出水涵闸，将城内积水排入护城河。

② 如果只是长江发生洪水（从水文统计资料来看，这种情形较为少见），则需关闭西水关，以及城北的北水关，避免江潮倒灌入城。

③ 如果长江和秦淮河同时发洪水，这将导致南京城外护城河水位高于城内河道水位，而明代缺少泵站强制排水手段，城内积水无法向护城河自流排出，因此难免会遭受较大的洪涝灾害。

明代南京城调水排水主要有 4 条路线（图 3-4）：

一从玄武湖经武庙闸引水，入珍珠河及进香河，经杨吴城壕、东水关、内秦淮河后，由西水关和铁窗棂涵排入护城河；

二从玄武湖经太平门闸引水，入明御河、经杨吴城壕、东水关、内秦淮河后，由西水关和铁窗棂涵排入护城河；

三从外秦淮经东水关引水，入内秦淮河后，经西水关和铁窗棂涵排入护城河；

四从玄武湖经大树根闸引水，入内金川河后，经北水关出城到外金川河。

④ 明代南京城的水系调控效果

明代南京的这些水系调控措施，对减少洪涝等灾害起到了较好的作用。据统计，自公元 251 年至 1949 年，南京共发生过近 100 次较大的水灾。从东吴太元元年（公元 251 年）至梁中大通五年（公元 533 年），共发生水灾 43 次，平均 6 年一次。从南宋至明朝，发生水灾 40 多次，平均 15 年一次。明代以后，南京水灾频率逐步降低（图 3-5）。值得注意的是，从历史时期的气候资料来看，明朝时期正好处于一个小冰期（图 3-6），气候相对偏冷，这可能也是该段时间洪涝灾害相对较少的一个原因。

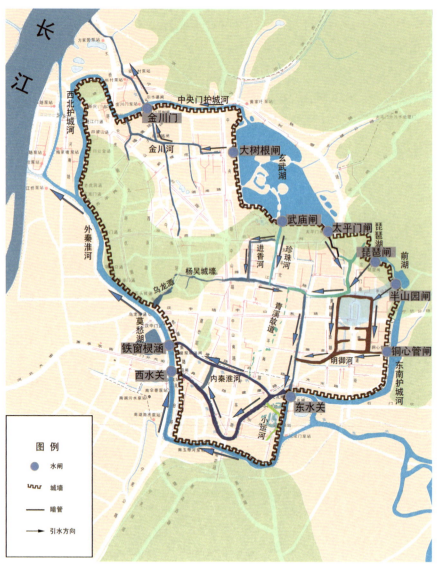

明代南京城的水系调节

图 3-4 推测的明代南京调引水路线示意图

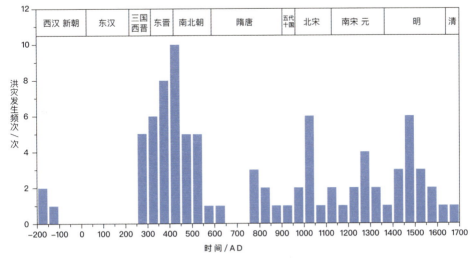

图 3-5 南京水灾发生频次随时间变化

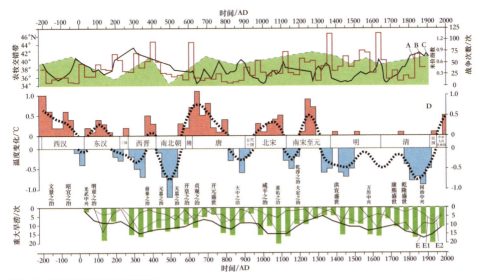

图 3-6 秦汉以来中国气候变化情况

3.1.3 明代南京城的水路运输

（1）明代南京城的水运路线

明代南京城的外围水系包含长江水系和秦淮河水系。其中，长江是横贯我国东西的第一大河，自古以来就是我国东西商贸交通的黄金水道。经由长江，南京向西逆流而上可通达湖北、湖南、四川等地，向东顺流而下可抵达长江口各城市；同时通过京杭运河，南京可方便地到达浙江、苏北、山东、河北、天津、北京等地。秦淮河发源于句容和溧水，总体自南向北流，于南京城区附近入江。秦淮河源头附近的句容宝华山、茅山和溧水的东庐山，是秦淮河流域与水阳江流域及太湖流域的分水岭。

为了保证水路运输，南京周边地区曾在历史上开凿过不少沟通水系的古运河（图3-7）。如春秋时期开凿的胥溪河，六朝时期开凿的破冈渎和上容渎，宋元时期修建的新开河和阴山河。明代又进一步疏浚和开凿了胥溪河、胭脂河、上中下新河、惠民河、会通河、运粮河、阴山河等。这些运河实现了水系之间的沟通，为水路运输提供了便利。其中，胥溪河沟通了水阳江水系和太湖水系，而胭脂河则连通了秦淮河水系与水阳江水系。因此，明代通过胭脂河和胥溪河，将秦淮河流域与水阳江流域、太湖流域连通起来，形成了以秦淮河水系为主干，沟通皖南和太湖周边地区的水路交通网络。

明代从外地到南京都城的水运路线，大体有三条（图3-8）：

一从上游沿长江顺流而下到南京。安徽、江西、湖北、湖南、四川等地位于长江上游，从这些地方沿长江顺流而下可直达南京。如位于南京长江上游的上新河，凭借长江的便利运输条件，成为明代南京城重要的码头和木材市场，也因此成为龙江关所在地。

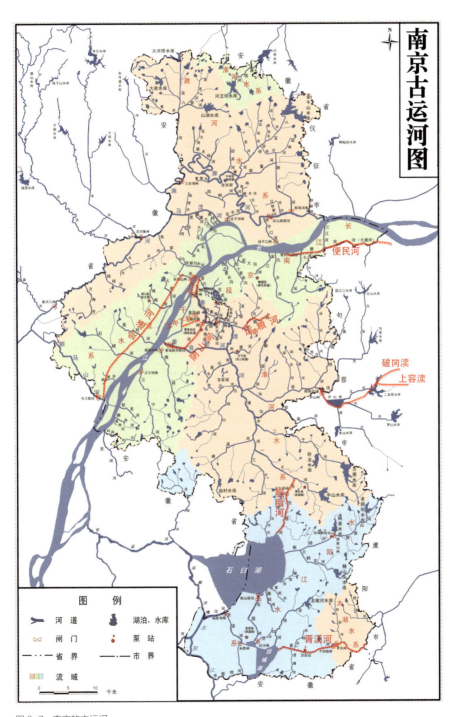

图 3-7 南京的古运河

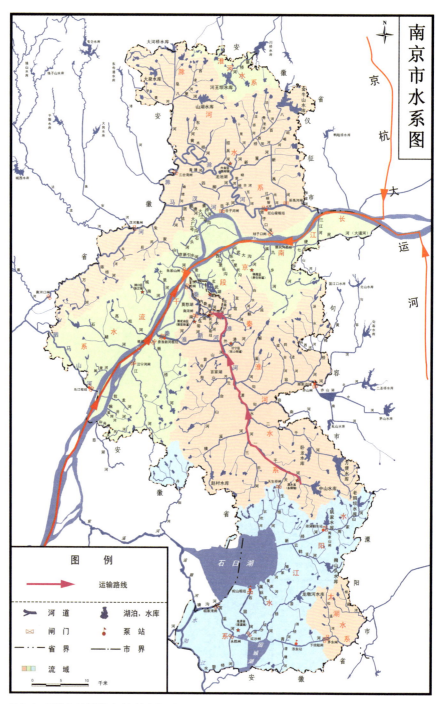

图 3-8 明代南京城外的水路运输路线示意

二利用京杭运河，从下游沿长江逆流而上到达南京。来自江南、苏北等地，包括苏州、无锡、常州、镇江、扬州、淮安、徐州等地的货物，均可利用京杭运河，从镇江、仪征等河口处进入长江，再沿长江逆流而上抵达南京。

三从太湖，经胥溪河、胭脂河等，沿秦淮河到达南京。明太祖朱元璋定都南京后，浙江、苏南地区的物资既可由上述第二条路线运达南京，也可先经过江南运河水运到丹阳，再转陆路运至南京。然而前者易受长江风浪影响，"风涛之险，覆溺者多"，而后者"转输甚艰"。因此"两浙赋税，漕运京师，岁费浩繁"。《明史》中载，胭脂河凿成后，"西达大江，东通两浙，以济漕运。河成，民甚便之"。可见凿通胭脂河后，从浙江、苏南及皖南等地可沿第三条路线到达南京，运输条件得到了极大改善。方山埭等沿线码头的兴盛正是当时这条运输路线往来繁忙的结果。

明代南京城墙有多达 25 处水关涵闸，其中有 3 处重要的通航水关，即东水关、西水关和北水关，该 3 处水关是从水路出入京城的关口（图 3-9）。东水关位于京城的东南角、秦淮河入城处。来自浙江、苏南、皖南以及秦淮河上游等地的物资，经由胥溪河、胭脂河、秦淮河等水路到达南京时，可经由东水关进入城内。西水关与东水关相对应，位于京城西侧、十里秦淮的出城处。从长江上游，特别是从大胜关、上新河等处运来的物资，从西水关进入南京是较为便捷的方式。北水关位于京城北侧、金川门东侧城下，内金川河由此出城，并与西北护城河、城北护城河汇合后，汇入外金川河，北流入江。北水关在文献中的记载较少，难以准确考证其通航能力。除可由上述 3 座水关直接入城外，外地货物运抵南京后，还可沿护城河运至沿河各码头，后改由陆路运入城内。

明代南京城的水路运输和生产生活

图 3-9 明代水路进出京城的主要关口

（2）明代南京城的大宗物资水路运输

城砖是南京城墙最主要的建筑用材，经初步估算全城约耗城砖上亿块。据考证，这些城砖，除部分是在南京附近就地烧制的，大部分来自长江中下游的广袤地区。以明代的行省划分，参与城砖烧造的大致有直隶、湖广行省和江西行省的32府、148州县、4镇以及行省与系统，共计190个署名单位。这些征派烧制城砖的府、州、县，基本分布在与长江水系相通的地区，如此可方便城砖的长途运输。近期考古发现的武汉江夏庙山砖窑、岳阳君山砖窑、南京栖霞砖窑等均位于便于水运的河流和湖泊周边，且与长江相通，具有良好的水运条件（图3-10、图3-11）。

石材是建造南京城墙的另一重要材料。关于石材的产地，有专家认为"产于南京本地东郊的沧波门外诸山和汤山"。据《南京文物志》中记载，湫湖山采石场遗址，在溧水县（现溧水区）东庐乡湫湖山北麓，距县城13千米。南京东郊汤山的坟头村和麒麟门附近的窦村，就是当年石匠聚居之地。上述地点中，汤山靠近长江的支流七乡河和九乡河，湫湖山邻近秦淮河，这些石料在开采后，可通过便捷的水路交通运达南京。

明代都城建设需要大批木材，这些木材主要从云南、贵州、湖南、湖北、江西、安徽等地通过长江运到南京。南京城区以西、靠近江心洲的夹江既可避开长江风浪，便于停靠运送的木排、竹筏，又有足够的地方来堆放运来的木材，因此，这片区域在明代成为重要的木材集散地。为了便于转运，明初在这一带先后开凿了三条河道，即上、中、下新河。上、中、下新河的开掘，使这一地区快速繁荣起来。其中靠上游、最先开凿的上新河，发展成为明代长江下游著名的木材集散市场，曾建有"皇木场"，是当时最繁忙的码头之一。

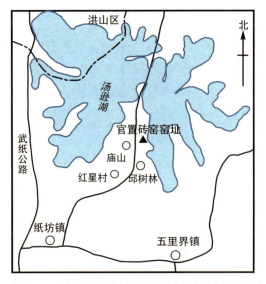

图 3-10 庙山明代官置砖窑遗址位置示意图（据《武汉江夏庙山明代官置砖窑调查发掘简报》示意图改绘）

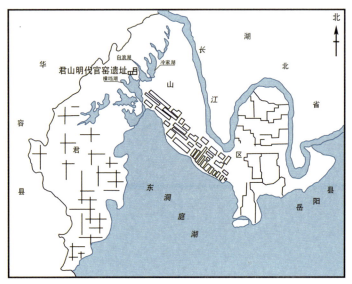

图 3-11 君山明代城砖官窑遗址位置示意图（据《湖南省岳阳市郊君山明代南京城墙砖官窑遗址金鸡垄窑群调查发掘简报》示意图改绘）

明初朱元璋采取了"高筑墙，广积粮，缓称王"的战略，"广积粮"成为其基本国策。据《明太祖洪武实录》记载，朱元璋曾对户部说，"经国之要，兵食为先，国家粮储，不可无备"。因此，明代建立了完备的仓廪体系，主要包括漕粮征敛、建库存储、水陆运输三大环节。为了将粮食从产地集中到粮仓，保证军民的粮食供应需求，水运是其中最主要的运输方式，而各地运到南京的路线已在前述内容说明。

明代粮仓是分级管理的，最高一级的是由国家控制的太仓和水次仓。地方粮仓有官办的常平仓、各地方卫仓（后归地方管理，有的并入地方仓）和民办的社仓。明初定都南京后，南京仓就是当时的太仓。南京仓下设散置于南京城内外的 41 个卫仓，从这些卫仓的分布来看（图 3-12），不少位于长江、秦淮河等江河的岸边，应当也是为了方便水路运输的缘故。

（3）水路运输对明代南京城生产生活的影响

发达的城河体系为南京城的发展提供了极大的便利和支撑。明代南京城内的居民区、商贸集市以及文化娱乐场所等都沿着河流分布，这主要是因为这些河流不仅是水源，可满足日常生产生活的用水需求，同时也是交通出行的重要通道，可实现城内外人员、物资、商品的密切往来。

明初建都南京后，人口迅速增加。为加强管理，明朝政府实施统一的编户管理制度，将全城居民按职业类别分为不同户类，且按类分区居住。对手工业匠户，由官府指定地点，按行业分类划定居住区域，并以所业命名其聚居地为某作坊。据《洪武京城图志》记载，"铜铁器则在铁作坊；皮市则在笪桥南；鼓铺则在三山街口，旧内西门之南；履鞋则在轿夫营；帘箔则在武定桥东；伞则在应天府街之西；弓箭则在弓箭坊；木器南则在钞库街，北则在木匠营"。这些作坊中的一些地名流传至今，如弓箭坊、

图 3-12 明代京城附近卫仓分布示意图

颜料坊、铜作坊、豆腐坊等，有名的南京"城南十八坊"就来源于此。这些作坊集中分布在城南十里秦淮一带，这主要是由于城南是原南唐都城，这里不仅取用水容易，同时也便于原料和货物的运输（图3-13），因此一直以来是居民聚居、商贸繁华之地。

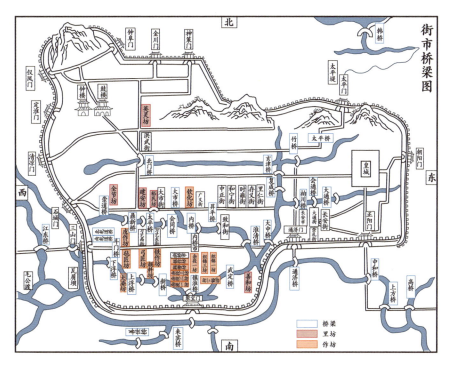

图 3-13 明代京城内里坊与作坊的分布情况

据《洪武京城图志》记载，明代南京有大的商市 13 处，经营范围各有偏重（图 3-14）。其中，大市在大市街，旧天界寺门外，物货所聚；大中街市在大中桥西；三山街市在三山门内斗门桥左右，时果所聚；新桥市在新桥南北，鱼菜所聚；来宾街市在聚宝门外，竹木柴薪等物所聚；龙江市在金川门外，柴炭等物所聚；江东市在江东门外，多聚客商船只米面货物；北门桥市在洪武门街口，多卖鸡鹅鱼菜等物；长安市在大中桥东，内桥市在旧内府西，聚卖羊只牲口；六畜场在江东门外，买卖马、牛、驴、骡、猪、羊、鸡、鹅等畜；上中下榻坊在清凉门外，屯卖缎、布、帛、茶、盐、纸蜡等货；草鞋夹在仪凤门外江边，屯集筏木。

从这些集市的分布来看，它们都靠近河流，便捷的水路运输为这些集市的形成和发展提供了必要条件。其中有 7 处在京城城墙范围内，皆位于城南，分布在内秦淮河、运渎、杨吴城壕等河流沿线，4 处位于京城北、西、南三面城门处护城河沿线。

由于水路便捷，明代南京城内，十里秦淮既是居民密集区，也是商贸繁荣的中心。现藏中国历史博物馆、明人仇英绘制的《南都繁会图》主要描绘了京城内从南市街到北市街的一段，即以今三山街为主并延续到升州路和建邺路一带的街市情况（图 3-15）。图中显示，秦淮河两岸街市纵横、店铺林立，两岸的建筑有佛寺、官衙、戏台、民居、牌坊、水榭、城门、金银店、茶庄、酒肆、鸡鸭行等，街上车马行人摩肩接踵，川流不息，热闹非凡。

图 3-14 明代京城附近商贸集市的分布情况

图 3-15 《南都繁会图》中秦淮河两岸繁华景象

到晚明时期，随着秦淮地区奢侈风气逐渐下移，当时无论是官绅富户，还是普通居民，很多为自己修建各式各样精美的园林，秦淮河两岸遂分布了系列"金碧晃耀，巍峨壮丽"的园林、河房（图 3-16）。由于依水而建，风景优雅，秦淮河房成为当时文人士大夫社交娱乐的重要场所。《板桥杂记》对河房曾记载，"雕栏画槛，绮窗丝障，十里珠帘"，宴饮、雅集、寓居，不一而足，入夜后灯船与两岸交辉，为"风华烟月之区，金粉荟萃之所"。

此外，据《洪武京城图志》记载，明代南京城还修建有"十六楼"，即来宾楼、重译楼、醉仙楼、鹤鸣楼、南市楼、北市楼、集贤楼、乐民楼、轻烟楼、梅妍楼、翠柳楼、淡粉楼、江东楼、讴歌楼、鼓腹楼、叫佛楼。这些楼主要位于当时的江东门以西及三山门、石城门、聚宝门外一带，大都临近外秦淮河或长江（图 3-17）。这些酒楼高基重檐，栋宇宏敞，又滨水临江，其美不胜收的景观引得每日高朋满座，推杯换盏，好不热闹。

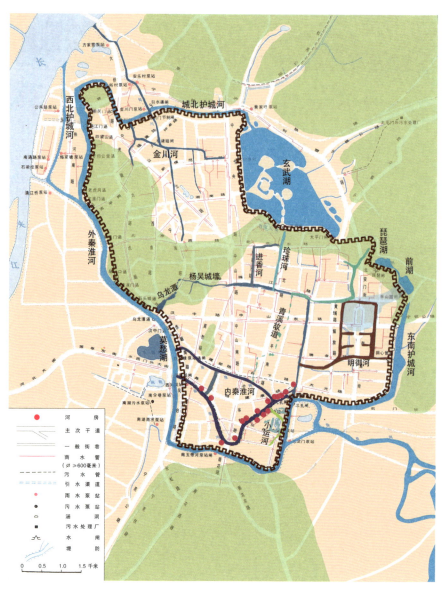

图 3-16 《留都见闻录》中所记 16 座河房的分布图

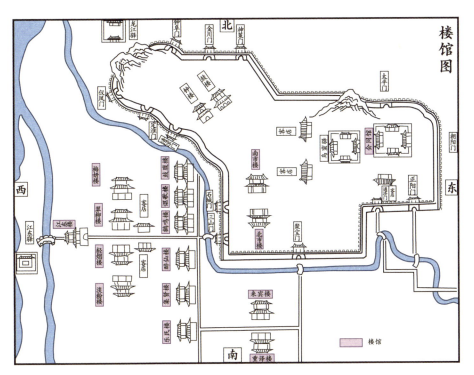

图 3-17 《洪武京城图志》中所记十六楼的分布情况（原图无叫佛楼）

3.2 良渚古城的水资源管理系统

20世纪90年代,考古工作者发掘证实了古城北部的塘山遗址为良渚时期人工修筑的长堤,并初步推断其为沿山修筑的防洪大堤,但塘山遗址的西端是一个不封闭的结构,对于该工程是如何发挥作用的,则一直困扰着考古工作者。2009年,由于彭公村岗公岭挖山取土,考古工作者发现这一高大土山竟然是人工堆筑而成的,并从堆筑方式和土质结构判断其是良渚先民堆筑的水坝;2010年,经碳十四测年证实岗公岭水坝的年代为距今5 000年左右。经过连续数年的调查勘探,至2014年,考古人员共发现了10条水坝,它们与原来发现的塘山长堤共同组成良渚古城外围水利系统。

3.2.1 布局与组成

整个水利系统位于古城的西北侧(图3-18),其中6条水坝位于古城西北部山体的谷口处,由于所处位置相对较高称为"高坝",高坝又可分为东、西两组,每组各3条水坝;4条水坝位于古城西侧平原孤丘之间,由于所处高程相对较低,称为"低坝";山前长堤(塘山长堤)则位于古城北部山体的坡脚地带。

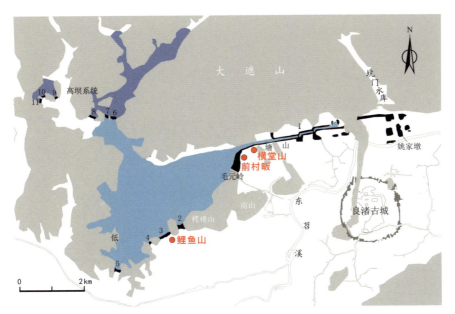

1. 塘山；2. 狮子山；3. 鲤鱼山；4. 官山；5. 梧桐弄；6. 岗公岭；7. 老虎岭；8. 周家畈；9. 秋坞；10. 石坞；
11. 蜜蜂垄

图 3-18 良渚古城外围水利系统分布图

　　高坝东组从东往西分别为岗公岭、老虎岭和周家畈；其中岗公岭水坝是 6 条高坝中体量最大的，坝长 209.8 米，坝底宽 161.3 米，目前残高 12.6 米；这 3 条水坝的坝顶高程约为 30 米。高坝西组从东往西分别为秋坞、石坞和蜜蜂垄。这 3 条水坝的坝顶高程约为 40 米。高坝东西两组各自封堵一个山谷，形成水库（图 3-19 和图 3-20）。

图 3-19 岗公岭—老虎岭—周家畈水坝现状（北向南拍摄）

平原低坝从东到西分别为狮子山、鲤鱼山、官山和梧桐弄（图 3-21）。其中，鲤鱼山是低坝中体量最大的，坝长 401.7 米，坝底宽 142.2 米，残高 6.4 米。这 4 条水坝的坝顶高程约为 10 米。

塘山长堤位于古城北侧，呈东北—西南走向，全长约 5 千米，是古城外围水利系统中最大的单体遗存。整个塘山长堤从东到西可分为三段。东段为接近直线的单坝结构，长约 1 千米，向东连接到罗村、葛家村和姚家墩一组密集分布的土墩，向西与由大遮山向南延伸的高垄相接。高垄以西为中段，南北双坝结构，东西长约 2 千米。北坝坝顶高程 15—20 米，南

图 3-20 秋坞—石坞—蜜蜂垄水坝现状（北向南拍摄）

坝坝顶高程 12—15 米，略低于北坝。两坝间保持平行并同步转折，双坝间距约 20—30 米。双坝西侧属西段，矩尺形单坝结构，其东端与双坝的南坝相连接，西端逐渐向南转接到毛元岭。

11 条水坝围成 3 座水库，根据位置高低和水流方向，可将高坝围成的两个水库称为"上游库"，将低坝和塘山长堤围成的水库称为"下游库"。古城城址和已发现的遗址点总体分布在水利系统的东侧，在水库库区内尚没有发现遗址点。

图 3-21 狮子山—鲤鱼山—官山水坝现状（北向南拍摄）

3.2.2 建造时间

（1）地层学依据。塘山长堤的顶部曾发现两座良渚贵族墓葬和一处玉器加工场，证实其年代不晚于良渚时期。2015 年对老虎岭水坝进行发掘时，获得了良渚晚期地层单位打破坝体的证据。鲤鱼山水坝被战国墓葬打破；岗公岭、蜜蜂垄、狮子山和鲤鱼山水坝内出土了良渚文化陶片；各坝堆土内皆未见晚于良渚文化的遗物。上述发现对于水坝建造年代的推定具有重要意义。

（2）碳十四测年数据。考古工作者对所有水坝取样，并送到北京大学年代学实验室进行碳十四测定，结果显示，高坝系统的建造时间距今

5 100—4 900 年，低坝系统的建造时间距今 4 950—4 850 年，与古城中重要遗址的时间一致，均属于良渚早一中期。为了验证测年结果的准确性，考古人员还将岗公岭的两个样本送到日本加速器研究所进行测年，其结论和北大的结论几乎相同，进而证实了测年数据的准确性。

综合地层学依据与碳十四测年数据，大致可以认定良渚水利系统所有坝体的主体建筑时间都应在距今 4 950—4 800 年之间。

3.2.3 建设规模

整个水利系统规模庞大。其中，距离古城最远的水坝为蜜蜂垄，与古城的直线距离约 11 千米。高坝与低坝间距离达 3.5 千米。塘山长堤距离古城最近，约在城北 2 千米处。整个水利系统控制和影响的面积超过 100 平方千米。

11 条水坝所围成的 3 个水库中，西高坝围成的水库最小，库容约为 34 万立方米。东高坝围成的水库居中，库容达到 1 310 万立方米，壅水上溯距离约 3 千米。平原低坝和塘山长堤所形成的下游库最大，库容为 3 290 万立方米，约为上游库容的 2.5 倍，水库面积达 10.2 平方千米。各水库汇水面积、蓄水水面面积以及库容等参数汇总见表 3-2。

表 3-2 各水库特征参数汇总表

水库位置	汇水范围 / $\times 10^4$ 平方米	蓄水水面面积 / $\times 10^4$ 平方米	库容量 / $\times 10^6$ 立方米
西高坝库区	53.7	17.8	0.34
东高坝库区	1 289.5	115.4	13.1
低坝库区	3 010.1	1 020	32.9

根据各水坝的钻探测量数据发现：各水坝主要采用黄土堆筑，部分坝体内部还堆筑了淤泥（或草裹泥），如鲤鱼山水坝和岗公岭水坝（图 3-22），此类采用内部淤泥、外部包裹黄土的堆筑方式，与古城内莫角山宫殿区的堆筑方式相同；所有水坝的土方量总计约 288 万立方米。

图 3-22　岗公岭水坝取土破坏断面显示的堆土结构

3.2.4 功能作用

考古工作者推测古城外围水利系统具有防洪、运输、灌溉、用水等诸方面综合功能，与良渚古城及遗址群的生产生活关系密切。

（1）防洪功能。天目山系是浙江省的暴雨中心之一，每到雨季，一旦大雨三天，则山洪涌下，溪满成灾，目前该地区的西险大塘还是杭州市抗洪抢险的重点区域。研究发现，若缺少外围水利系统，来自大遮山和西北山谷的洪水将对古城及附近遗址带来较大的冲击，特别是从大遮山等处倾泻而下的洪水对古城的影响相对较大。

（2）运输功能。天目山系资源丰富，为良渚遗址（群）提供了丰富的石料、木材、漆及其他动植物资源。水运是良渚时期最为便捷的运输方式。高坝所在的山谷陡峻，降水季节性明显，夏季山洪暴发，冬季则可能断流，通常不具备水运条件。水利系统建成后则可形成上下游两级水库，其中下游水库蓄水后的高程正好能抵达上游高坝的坡脚，且高坝东区的水库壅水上溯距离可达约3千米。这样，通过上下游两级水库及城内外挖掘的大量人工河道，就形成了从古城到下游库区，再到高坝以北3千米远处的水路运输通道。

（3）灌溉功能。考古工作者曾对古城周边区域进行钻探取样，检测结果显示在坝区外的鲤鱼山、前村畈和横堂山等3处地点（图3-18）良渚时期的土样中发现了高密度植物硅酸体，即该3处地点可能存在良渚时期的稻田。水坝修筑以后，既可保护这些坝区外的稻田不受洪水影响，同时也可以引水实现自流灌溉。

（4）服务于古城的水资源调配管理。良渚古城及东部近郊遗址密集、人口众多，该区域内良渚先民在生产生活和交通运输等方面必然存在着较大的用水需求，但该区汇水面积较小，具有"来水猛、去水快"的丘陵地区水文特点，及季风降雨的季节和年际不稳定性，古城及附近地区的供需水存在一定矛盾。因此考古工作者认为，外围水利系统很可能是良渚古城建设之初，统一规划设计并服务于古城的城外有机组成部分。通过水利系统的建设，可将大量的西部山区来水蓄留在山谷和低地内，当古城需水时，可调往古城方向以供古城和附近郊区的生产生活所用。

3.2.5 水利系统的历史意义

良渚水利系统是中国现存最早的大型水利工程遗址。长期以来，大禹治水在中国水利史上占有重要地位，却只是传说，没有实证；而现存的水利工程遗址如都江堰、灵渠等均要晚到战国秦汉时期。距今约 5 000 年的良渚水利系统的确认，是中国古代水利史研究的重大突破。同时它也是世界上最早的水利系统遗址之一，与埃及和两河流域早期文明以渠道、水窖等以引水为主要目的的水利系统形成鲜明对照。

良渚先民在流域的上、下游兴建了不同类型的水利设施，表明他们已经具备全流域的水环境规划和改造能力。水利系统工程浩大，在距今 5 000 年前，其规划视野之阔、技术水平之高、动员能力之强令人刮目相看。大规模的水利系统建设，涉及复杂的组织机构、人员管理和社会动员能力，也为认识良渚古国的管理机构和社会复杂化程度新辟了重要的观察视角。

良渚水利系统在中国和世界文明史研究中具有重要意义。世界各地早期文明的出现，都与治水活动密切相关。良渚古城是中国境内最早进入国家形态的地点，是中华五千年文明的实证。而良渚水利系统和古城在空间和时间上具有不可分割的密切关系，对研究良渚古国的出现和发展乃至中国文明的起源都具有极重要的意义。

良渚水利系统的发现和价值

3.3 小结

本章对南京帝都和良渚王城的水资源管理系统进行了介绍，并分析了其水系的运输功能，发现两城在水资源管理和水路运输方面存在相似性，主要体现在以下两个方面：

其一，两城皆结合自身的山形水势、城市布局进行了大型水管工程建设，以满足城市用水和防洪排涝的需求；

其二，水路运输对两城的建设和发展发挥了重要作用，建城与日常生产生活所需的物资均可通过周边和城内发达的水网运达。

玉璜

第 4 章 巍巍宫殿、城河相依

都城的营建乃是王朝大事。自古以来,任何王朝都会不遗余力地营建都城。统治者想用华丽的宫殿、宏伟的城池彰显帝王的威严和天子的至高至大,并希冀王朝万世传承,正所谓"山河千里国,城阙九重门。不睹皇居壮,安知天子尊"。南京帝都与良渚王城,均营建了规模巨大的宫殿、城墙及城河水道。

4.1 南京帝都的营建技术

4.1.1 南京故宫的营建

明故宫

南京故宫，又称明故宫，是明初洪武、建文、永乐三朝的皇宫。南京故宫始建于元至正二十六年（公元 1366 年），前后历时二十余年，于明洪武二十五年（公元 1392 年）基本完工，占地面积超过 101 万平方米，是中世纪世界上最大的宫殿建筑群，被称为"世界第一宫殿"。

永乐十九年（公元 1421 年），明成祖朱棣迁都北京，以南京故宫为蓝本建造了北京故宫，《明太宗实录》载"初营建北京，凡庙社、郊祀、坛场、宫殿、门阙，规制悉如南京"。自迁都北京后，南京故宫不再作为皇宫使用，此后数百年间鲜有修葺。加之经年累月的风吹雨打、多次战乱和火灾，现南京故宫遗址中，除午门、内外五龙桥、东华门、西安门等少量砖石建筑遗迹尚存外，其他地面及木质建筑均已毁坏殆尽。因此，要探寻南京故宫建筑的营建，还需从与之同时代建造且保存完好的北京故宫着手。

（1）宫殿布局

北京故宫平面呈长方形，南北长 961 米，东西宽 753 米，面积约 72 万平方米；四面围有高 10 米的城墙，城外有宽 52 米的护城河，城墙四边各有一门；于永乐四年（公元 1406 年）开始建造，至永乐十八年（公元 1420 年）建成。北京故宫以三大殿为中心，现有大小宫殿 70 多座，房屋 9 000 余间，建筑面积约 15 万平方米。

北京故宫严格按南北中轴线对称，并遵循"前朝后寝"的布局。前朝是皇帝处理政务和举行朝会的场所，为"国"，中轴线上的核心建筑是太和殿、中和殿、保和殿（等同于南京故宫的奉天殿、华盖殿、谨身殿）；后寝是帝后居住生活的场所，为"家"，中轴线上的核心建筑是乾清宫、交泰殿、坤宁宫（统称后三宫，等同于南京故宫的乾清宫、省躬殿、坤宁宫）。此外，在开挖护城河时，将挖出的土堆于宫城以北筑成"景山"作为倚靠，使故宫地势北高南低，以合"背山面水朝南居中而坐"的格局。

（2）宫殿建筑

故宫内等级最高、规模最大的建筑，当属位于紫禁城中心的金銮宝殿（明初为奉天殿，嘉靖年间改为皇极殿，清代再改为太和殿）。

据《明世宗实录》记载，明永乐十八年（1420年）初建奉天殿，"原旧广三十丈，深十五丈"，即面阔约95米，进深达47.5米，面积约4500平方米。此奉天殿是当时中国最大的单体木建筑。但可惜的是，这座伟大的建筑仅存世三个月，即遭雷击起火全部化为灰烬。

现在的太和殿，是后期在奉天殿原址上重建而成的。太和殿连同基座总高约35米，相当于12层楼房的高度，是明清时期北京故宫以及整个北京城的最高建筑。大殿东西长63米，南北宽37米，面积为2377平方米，与后面的中和殿、保和殿，共同坐落于高8米左右的三层汉白玉须弥座上，给人以气势磅礴之感，但其与明初的奉天殿相比，还是颇有一定差距。

故宫内其他建筑，按等级高低与用途，分别配置在太和殿前后的中轴线上，或对称排列在中轴线左右两边。中轴线两侧的主要宫殿，又以各自的中心为对称轴，用院落的形式展开。每个院落都由成组的建筑组成，每栋建筑之间都有主有从，有正有配，如此采用建筑语言来表达封建社会礼制的等级和秩序。

（3）建筑材料

① 木材

北京故宫作为世界上现存规模最大、保存最为完整的古代木构宫殿建筑群，其营建需要采伐和运输大量的木材。明初，主要宫殿所用的木材为采自四川、湖广等地群山峻岭中的楠木。珍贵的楠木多生长在原始森林的险峻之处，常有虎豹蛇蟒出没。民工们冒着危险进山采木，很多人丢失了性命，后世有人用"入山一千，出山五百"来形容采木的代价。大量的木材从崇山峻岭中，依靠天然的河流和修好的运河，运送到北京。据记载，永乐时期为建造北京故宫而进行的采木工作持续了整整13年。

现在太和殿内共有巨柱72根，明代原为金丝楠木木柱，后因火灾重建，采用松木为体外包楠木的方式拼凑而成。中间最大的6根木柱有12.7米长，直径1.06米（图4-1）。据《明清朝廷四川采木研究》记载，乾隆四十九年（公元1784年），内务府官员在神木厂勘木时发现明永乐时期未用之旧物，"一巨楠长六丈，头围二丈五尺五寸，尾围一丈六尺五寸"。后明嘉靖年间重修奉天殿等时，又从四川、湖广采木3年得木1万多根，一丈围以上的楠杉2000余根，一丈四五以上的才117根，即使如此，嘉靖皇帝仍无法恢复永乐时期三大殿的规模，只能"命求其次"。由此可见永乐年间紫禁城中宫殿建造的盛况。

② 石材

开采修建宫殿的石料也是一项艰辛的工作。保和殿后有故宫最大的丹陛石（图4-2），长16.57米，宽3.07米，厚1.70米左右，重达250吨，它是由一块完整的石头雕刻而成。据《明实录》记载，保和殿后那块巨石的开采，动用了1万多名民工和6000多名士兵。而其运往京城的过程则更为艰巨：数万民工在运送石料的道路两旁修路填坑；每隔一里左右掘一口井，在隆冬滴水成冰的日子里，从井里汲水泼成冰道；2万民工和1000多头骡子，用了整整28天时间，才将其运到京城。这些费尽心力运到紫禁城的巨石，

图 4-1 太和殿立柱及地面金砖

图 4-2 保和殿后的丹陛石

大部分被安放在故宫中轴线的御道上。

③ 宫殿琉璃瓦

故宫建筑屋顶满铺各色琉璃瓦件。黄色是帝王御用的专属颜色，因此天子活动的主要殿宇，其顶覆黄色琉璃瓦。绿色用于皇子居住的建筑。其他蓝、紫、黑、翠以及孔雀绿、宝石蓝等五色缤纷的琉璃，多用在花园或琉璃壁上。

④ 金砖

太和殿内铺设有称为金砖的方砖 4718 块（图 4-1）。金砖产自苏州，制作工艺复杂。据记载金砖成坯需要 8 个月，烧制需要 136 天，烧成后需用桐油浸泡 100 天，共计需要一年零 4 个月。而一块砖的制作、运输、铺装成本，在当时就约折合一两黄金的价格，因此此砖中虽无黄金成分，但却似黄金般珍贵。

（4）建筑结构

北京故宫自建成600多年来，经历了大小200多次地震，其中6级以上的有：明成化二十年（公元1484年），居庸关发生6.8级地震；明嘉靖十五年（公元1536年），通县（现通州区）南部发生6级地震；清康熙四年（公元1665年），通县（现通州区）西部发生6.5级地震；康熙十八年（公元1679年），三河、平谷发生8级地震（这次地震震级大，波及范围广，灾情严重，是北京历史上最大的地震）；雍正八年（公元1730年），北京西郊海淀、昌平发生6.5级地震。而每次地震后，故宫都安然无恙。这主要得益于故宫建筑中大量使用了中国传统的木质结构。

故宫建筑很少有复杂的平面设计，大多数是长宽比接近2∶1的矩形规制。规则的平面形态和结构布局有利于抗震。宫殿建筑中，往往是中间的一间最大，两侧的次间、梢间等依次缩小面宽，这样的设计有利于抵抗地震的扭矩。而故宫建筑普遍使用的台基，用现代建筑语言描述，可称为"整体浮筏基础"，能够有效避免建筑基础的剪切破坏，减少地震波对上部结构的冲击。同时，重要建筑的立柱是直接放置在柱顶石上的（图4-3），而不是嵌入到柱顶石中，这样在地震作用下，立柱不会因位移受限而发生断裂破坏。

优雅的大屋顶是故宫建筑最突出的特征之一，如太和殿屋顶重达1 800吨，庞大的屋顶以其自重压在柱网上，极大地提高了构架的稳定性，对建筑抗震非常有利。而要支撑这些大型屋顶（尤其是庑殿顶、歇山顶等），就需要大量的复杂斗拱作为支撑部件（图4-4）。故宫建筑中，斗拱除了装饰作用外，在地震来临时，可起到关键的"减震器"作用，由各种水平构件连接起来的"斗拱构件群"能够形成一个整体性很强的"刚盘"，按照"能者多劳"的原则把地震荷载传递给有抗震能力的立柱，从而大大提高了结构的整体稳定性。

图 4-3　建筑立柱直接放置在柱顶石上

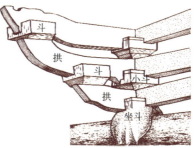

图 4-4　建筑斗拱

　　将斗拱结构连接起来的工艺，就是中国古代建筑经典的榫卯结构。榫卯结构是古代中国建筑、家具及很多器械的主要连接方式，凸出来的部分称为"榫"，而凹进去的部分称为"卯"。其特点是不使用钉子或胶水，用榫卯就能连接木件，限制木件在各个方向的扭动，且长期使用没有锈蚀问题。榫卯结构的应用，不但可以承受较大的荷载，而且允许产生一定的变形，在地震荷载下通过变形吸收地震能量，减小地震荷载的影响。

4.1.2 南京城墙的营建

元末,朱元璋在战争中脱颖而出,其带领的义军势力日益扩大,并于1356年攻占了集庆路(今南京)。此时,黄河流域和长江流域之间的广大地区,已被各路义军控制,各路义军既有共同的敌人——元朝军队,相互之间又存在十分激烈的吞并战争。朱元璋所处的南京,恰好位于以韩林儿、刘福通为首的红巾军占据的黄河下游一带,以徐寿辉、陈友谅为首的义军统领的长江中游一带和以张士诚、方国珍、明玉珍为首的义军占领的苏南、浙北以及浙东海面,三股义军势力范围所构成的"三角形"内。这三股义军一方面起到为朱元璋承受元军直接攻击的屏障作用,同时也将他处于包围圈内,呈多面受敌的状态。在当时的格局下,朱元璋接受谋士朱昇的建议,以"高筑墙、广积粮、缓称王"九字战略积极备战,精心经营南京城的防御,对周边的异己势力区别对待,各个击破。

南京城墙的营建,自元末起一直延续了整个洪武一朝,先后经历了初建(公元1360—1372年)和加固扩建(公元1373—1398年)两个阶段。

第一阶段,公元1360年,朱元璋与陈友谅的军队在南京北郊进行了决定性的龙湾(今南京下关地区)大战。为应对此次战役,朱元璋在沿江地带增加设防并修葺城墙与外围沿江军事防御线,这是南京城墙修建的开始。元至正二十六年(公元1366年),朱元璋按照都城规划开始拓建应天府旧城(杨吴、南唐至宋、元时期所筑城墙遗存)和增筑新城,正式开始了南京城墙的建造。新城的修筑直至洪武五年(公元1372年)才得以完成,其范围是将原应天府旧城北面和东面(明代通济水关以北段)城墙拆除后,按新城规划与新筑的城墙续接成一体。至此,新城南至聚宝门、东至朝阳门、北至狮子山、西至沿外秦淮河入江段以东一线,将南唐都城东郊和北郊的一些重要制高点都包入明代京城城内。

第二阶段，朱元璋又从军事防御角度出发，于公元 1373—1398 年间，持续对初建城墙进行了加高增厚，使南京城墙从外观和用材上发生了显著变化，初期的新城也作为改建后城墙的内芯（即现今所称的墙包墙）或另外改筑。

南京城墙

由于南京特殊的山水形势和城墙建造背景，其城墙结构可大致可分为三大类型：

其一，包山墙（图 4-5）。这类墙体依山而建，因城墙内侧有土丘或山体，基本没有内壁墙或仅筑较矮的护土坡，如清凉门附近的"鬼脸城"段城墙。

其二，墙包墙。城墙中夹有明代或明以前的城墙、古砖墙、块石墙等，如前湖段城墙。

其三，普通城墙。这类城墙可依据内外壁材料细分为条石墙（图 4-6）、城砖墙（图 4-7）和条石、城砖混砌墙 3 类（图 4-8），而该 3 类墙还可根据内部结构的不同（砖、石、夯土的组合）分成更多小类。

图 4-5　包山墙

图 4-6 条石墙

图 4-7 城砖墙

图 4-8　条石、城砖混砌墙

中国自宋代开始，出现了用于实战的火器，其中对守城具有威胁的燃烧性火器及爆炸性火器技术均有很大发展，并出现了原始管形火器。元代火器技术在宋代的基础上有了新的发展，创造了世界上最早的金属管形火器。在元末农民起义战争中金属管形火器已普遍应用。如公元1359年，朱元璋和张士诚部战于绍兴，双方均使用了火筒；而公元1366年，徐达率部攻打苏州城时，曾大量使用了火铳。当然在冷兵器和火器并用的时代，冷兵器时期的常规攻城战具仍然发挥着不小的作用。如公元1356年，朱元璋攻占集庆路（今南京）时，"城下将士以云梯登城"；而公元1359年，常遇春攻衢州时，"造吕公车、仙人桥、长木梯、懒龙爪，拥至城下，高与城齐，欲阶以登城"。

公元1366年，在朱元璋等人的精心筹划和组织下，针对当时的攻城战具及火器特点，结合南京的地形地貌，按照新城规划开始了南京城墙的建造。公元1372年底，南京城墙营建的第一阶段告竣，此时城墙高度约

10米，城顶宽度约5米。但朱元璋对这座城池并不满足，在称帝后获得更多人力物力资源保障的情况下，于第二年再次下令大规模全面修筑南京城墙。朱元璋几乎不惜代价地追求城墙的高度、厚度和强度，借以抵御正处在孕育突变中的火器及其他攻城器械。经过数十年的建造，南京城墙在高度、厚度、基础、建材、城墙关键部位等诸多方面，形成了一套完整的军事防御建筑体系，达到了我国城墙建造的巅峰。

南京城墙东连钟山，西据石头，南阻长干，北带后湖，全长35 267米，城墙所围面积约41平方千米。明代顾起元著《客座赘语》称之"南都城……高坚甲于海内。……吾行天下，未见有坚厚若此者也"。南京城墙的高坚具体可体现在三个方面：一是令人赞叹的高宽尺寸；二是高质量的墙体建造；三是包含瓮城、千斤闸、藏兵洞等精巧设计的城门防御。

（1）城墙的高宽尺寸

关于南京城墙的高宽尺寸，历史文献在这方面没有确切的记载，即便有也都含糊不明。如《客座赘语》中的描述"自通济门起至三山门止一段，尤为屹然。聚宝门左右皆巨石砌至顶，高数丈"；光华门至通济门一段、草场门至清凉门一段、中央门附近一段，"则均至窄，有仅及丈者"。而对于包山墙，其墙体尺寸变化较大，有的厚度不及3米，有的仅有一层砖的厚度，甚至有的将山体岩石直接裸露在城墙外侧。

《南京城墙志》列出了南京城墙部分区段的高宽数据（见表 4-1）。由表中数据可知：

① 南京城墙的外侧高度主要在12-20米之间，最高可达26米。城墙顶宽可分为2组，一组宽度在3-6米之间，对应范围从清凉门顺时针至通济门；另一组在13-18米之间，对应范围从通济门顺时针至集庆门。

② 南京城墙的高度较大，可以有效阻隔当时攻城器械的进攻，如云梯、吕公车、飞车、长木桥等，其对应攀缘高度在10米以下。

表 4-1　《南京城墙志》中记录的城墙外墙高度和顶宽

序号	地点	外侧高度（米）	城顶高度（米）	备注
1	清凉门—定淮门	12-20	5-8	1954 年
2	定淮门—绣球公园	12-15	4-5	1954 年
3	绣球公园—狮子山	12-15	4-5	1954 年
4	狮子山—小东门	12	5-6	1954 年
5	金川门—油嘴油泵厂	12	5-6	1954 年
6	油嘴油泵厂—和平门	12	5-6	1954 年
7	和平门—小红山	12	5-6	1954 年
8	小红山—太平门	18	12	1999 年
9	太平门—中山门	最高 26	2.6-5	2005 年
10	中山门—南京无线电厂	15	3-4	1954 年
11	南京无线电厂—光华门东	15	3-4	1954 年
12	光华门东—通济门	15	3-4	1954 年
13	通济门—东水关	16	17-18	1954 年
14	东水关—武定门	16	17-18	1954 年
15	武定门—中华门东	16	17-18	1954 年
16	中华门东	20.5	13.4	1995 年

注：本表仅摘录了城墙部分数据，城门数据未摘录

③ 唐宋时期构筑城墙的经验为墙高 =2 底宽 =4 顶宽。按照上述数据可知，大多地段的南京城墙宽度皆大于上述比例确定的数值，由此可见朱元璋对南京城墙厚度尺寸的重视。

（2）高质量的墙体建造

南京城墙高宽尺寸较大，要保证墙身的稳定，必须具有坚实的基础。由于南京的地质情况较为复杂，明初在建造南京城墙时，根据不同地段的

地质和环境条件，城墙墙基采取了不同的基础方式，具体可分为 3 种类型：

① 以山体岩石直接作为墙基。利用城区周边丘岗，削其外侧，直接利用裸露或未裸露的山体岩石作为墙基，如狮子山段城墙。

② 少数地段的城墙基础直接建在地面上，如龙蟠里—汉中门段城墙。

③ 对土质松软或临河湖地段，采用砖石深筑基础或圆木构筑的筏式基础形式，如通济门至正阳门段、三山门至石城门段和集庆门段城墙。

明代《武备志》记载，"凡城身，第一砖，第二石，第三土。盖石本耐久，今为第二者，可以火粉之也"。城墙作为防御功能的建筑，其在建筑材料上需选择坚固不易毁坏的材料。土遇水则变软，石遇火则易碎，因此砖是建造城墙的首选材料。宋代开始，实战火器技术得到快速发展，为了防御火攻，宋代及后期的城墙多为砖城墙。

城砖是南京城墙最主要的建筑用材，经初步估算全城约耗城砖上亿块。这些城砖不仅规格基本一致，绝大多数城砖长 40-45 厘米，宽约 20 厘米，厚 10-12 厘米，大致符合 4∶2∶1 的规格；而且质量要求很高，由官吏查验时，要求"敲之有声，断之无孔，方准发运"。

根据对南京城砖铭文的研究可知，南京城砖的烧造区域较广，且具有一定的规律，基本以当时长江中下游水系相通的各府、州、县为征派烧制城砖地区，如此可方便城砖的长途运输。以明代的行省划分，参与城砖烧造的大致有直隶、湖广行省和江西行省的 37 府（直隶州）、162 个县级单位，以及工部 8 个单位，军队系统 26 个单位，共计近 200 个署名单位（据《铭文天下——南京城墙砖文》）。

南京城砖可依据砖泥质地分为瓷砖、黏土砖和砂土砖 3 大类。以高岭土烧制的城砖，俗称"瓷砖"，在南京城墙的城砖中，具有很强的地区特征。这种城砖色泽为白色、米黄色或灰白色等，质地强于其他土质烧造的城砖。黏土砖要选择黏而不散、颗粒细而不含沙粒的黏土，用水滋润，而后人踩或驱赶牲畜去踩踏，踏成稠泥后，由制作砖坯的人将稠泥填满按规定尺做好的木模，再刮平表面制成砖坯。将晾干后的砖坯装入窑中，经烧制后即为城墙砖。该类城砖颜色呈青灰色或青黑色，质地细密、坚固、吸水性弱，比目前建筑上大量使用的红砖强度要高很多。这类城砖数量最多，产地亦最广，是修筑南京城墙墙砖的主体。当砖泥黏土中掺杂有部分沙粒时，其烧制成的城砖即为沙土砖。这种城砖质地坚硬、紧密、吸水性稍强，其数量少于黏土砖而又多于瓷土砖。

明城砖的制作过程包括取土、浸泡、踩踏、澄浆、沉积、制坯、晾坯、装窑、烧窑、窨水、出窑、包装等十余道严格工序，任何一个环节都不能出现纰漏，否则将留下难以预测的质量隐患，因此南京城砖采用了"物勒工名"的制度作为其质量监督和数据统计的手段（图4-9）。砖文内容包括烧制城砖的地方政府各级提调官的官吏职务和人名、基层各级组织负责人的姓名，还有造砖人夫和窑匠姓名，层层责任人多达九级。例如南京明城砖砖文上有"长沙府提调官经历高耀、司吏杨原善，浏阳县提调官知县傅理，司吏周仲威，总甲刘祖仁，甲首胡添云，小甲李茂功，窑匠王继孙、汤祥，造砖人夫谢辛"。这是一个严密的技术质量监管体系。每一处工程都有制砖的窑匠、造砖夫与提供劳役的人户来承担质量上的直接责任，由基层组织负责人（总甲、甲首）承担担保责任，并且监工的官吏也负有连带责任。一旦日后出现质量问题，一并追查相关责任，明朝因质量问题最高可处死刑。正是如此严格的责任制，才保证了南京明城墙建造的高质量，使得城墙可以屹立600余年而不倒。

砖石城墙要具有较高的整体强度，必须采用合适的黏合剂将砖石块体有效地黏接起来，现今建筑行业常用的砌体结构黏结剂为水泥或水泥砂浆。关于南京城墙采用的黏合剂，正史中未有详细记载。《大明会典》中涉及建造城墙的黏合材料仅有石灰，"凡在京营造，合用石灰，每岁于石灰山置窑烧炼，所用人工窑柴数目，俱有定例"。《白下琐言》称，"出神策门二里石灰山，土名响叶树，有白石垒，晋建也"。诸多研究者对于南京

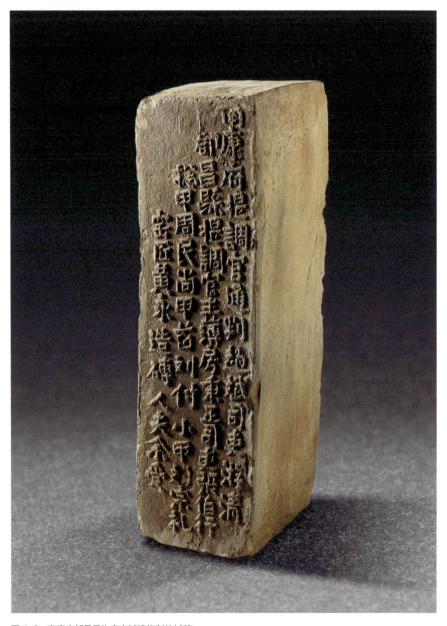

图 4-9 南康府都昌县为南京城墙烧制的城砖

城墙黏合剂中采用了石灰这一材料没有疑义，并认为黏合剂除石灰外，还应包含其他材料，但对于添加的其他材料却各有不同观点。

多年来，人们凭借墙体上色泽乳白、掐之坚硬、凝结体上有气泡眼的感性认识，使"朱元璋用糯米汁筑城"的传说故事，成了代代相传的口碑，流传甚广。明朝马生龙在《凤凰台记事》中写道，"太祖筑京城，用石灰秫粥锢其外"。这段记载说明，南京城墙采用了石灰和高粱粥作为黏结剂来增加城砖和条石之间的连接，与民间传说使用糯米汁略有不同。明朝宋应星所著《天工开物》记载，"凡石灰经火焚炼为用……用以襄墓及贮水池，则灰一分，入河沙、黄土三分，用糯粳米、杨桃藤汁和匀，轻筑坚固，永不隳坏，名曰三和土"。同时指出，我国古代建筑早在唐宋时期就已普遍使用石灰和糯米汁等作为黏合材料。杨宽在《中国古代都城制度史研究》中称，南京城墙"以花岗石作基础，并在砖缝内灌入桐油、糯米汁和石灰汁，因而十分坚固"。蒋赞初在《南京史话》中亦称，"南京城墙顶部和内外两壁的砖缝里，都浇灌一种'夹浆'。这种夹浆用石灰、糯米汁（或高粱汁）或再加桐油掺和而成，凝固后黏着力很强，使城墙能够经久不坏"。此外，部分学者根据石灰属于"气硬材料"，在没有与空气接触状态下很难固化的特点，并依据墙体内部黏合材料仍然是软的实例（图4-10），初步认为黏合材料是以石灰为主要成分，至于其他掺和物质，尤其是否有糯米汁，目前尚难定论，持相对谨慎态度。

南京城墙保护管理中心基础研究部于2020年开展"南京城墙粘合剂成分检测课题"。此次课题项目在全城11处城墙进行取样，共计16个样品，其中有5处样品检测出含有淀粉类的物质，分别为清凉门、石城门、龙脖子段城墙、前湖段豁口城墙以及半山园水闸段城墙。由此确定，南京城墙粘合剂中，除了无机物（石灰），还有有机物的存在，证明了民间所说朱元璋用糯米汁筑城的这一传说具有一定的可信度。但这一淀粉类物质是否就为传说中的糯米汁还待日后进一步检测与分析。

图 4-10　南京城墙墙体内部砖层之间使用的黏结剂

城墙墙体如遭雨水渗透浸泡，则其整体强度会大大减弱。而包山墙墙体在建造时虽然省工、省时，但如果墙体内侧的排水系统出现问题，则会在墙体背面出现排水不畅、水压力升高的现象，进而导致墙体膨胀开裂，甚至坍塌。针对上述问题，南京明城墙采取了一系列防排水措施。

（1）墙顶防水和排水措施。城墙顶部采用桐油和黄土拌和夯实封顶，厚度 1–2 米；而后在夯层上再砌筑几层城砖，共同防止雨水入渗。一般城墙地段以岩石凿成明沟式排水槽，设置于城墙顶部一侧；每隔 15 至 20 米设置一个石质排水槽伸出墙体，将城顶汇水排出。如通济门西至中华门段，城墙顶端每隔 17 米有石质水槽一个。

图 4-11　南京城墙石质排水槽

（2）墙身位置排水措施。为解决包山墙段城墙的排水问题，南京城墙在包山墙的墙身位置设置了暗沟式排水槽。即将石料凿成暗沟式排水槽，直径 0.2 米；排水槽与城墙平行，槽沟中轴线距城墙约 1 米，其位置低于城内山体，便于汇集山体雨水，而后通过城墙内的石槽或涵道将水排出（图 4-11）。如 2003 年 12 月，杨国庆等在清理西距中华门约 700 米处城墙时，就发现该种暗沟式排水槽。每间隔 7 至 9 米（可能依据汇水量的大小来确定间距）设有一条石质暗沟；每条暗沟皆与平行城墙的暗沟相连，最终可将城内山体的汇水排出墙体。同年冬，在石头城段城墙亦发现类似"暗沟＋城墙涵道"的排水方式。

（3）精巧的城门防御

城门的规模与数量常依据城墙及城市的规格、大小、形制、方位、用途及军事防御要求等因素确定。明代南京城墙内城共有13座城门，自东部朝阳门起，顺时针方向为正阳门、通济门、聚宝门、三山门、石城门、清凉门、定淮门、仪凤门、钟阜门、金川门、神策门和太平门（图4-12）。

城门是城池的咽喉，战时是进攻方的主要目标，也是防守方的重点。城门的防御系统主要包括：城门、城楼、箭楼（镝楼）、瓮城及藏兵洞等，其中南京城墙最具特色的是城门、瓮城和藏兵洞等部分的设置。

① 城门

西汉以来，城门通常采用过梁式木门洞，而以砖为材料的拱券砌筑工艺建造城门始于宋代，但其在宋代的应用并不普遍。随着明代制砖技术的提高，砖结构建筑得到普遍发展。南京城墙的城门皆为砖砌拱券结构，这表明该项技术已在宋代基础上通过不断的发展和完善，于明代趋于成熟和定型。砖券门洞不仅可有效地防御火器对城门的破坏，同时还结合支模施工和石灰浆砌造技术，使城门的跨径和坚固性大大增加。

南京城墙一般选用高质量的硬木制作对开城门，木质城门外包铁皮、并钉上粗大的铜钉加以固定，如此既增加了城门的强度，又可起到防火的作用。此外，南京城墙在城门和瓮城中常设置多道可上下启闭的闸门（俗称"千斤闸"，见图4-13）。以中华门为例，现今千斤闸已不存在，但从现存的石槽来看，其宽22—23厘米、深18—22厘米，主城门门洞宽6.5米、高11.05米，由此可见千斤闸的巨大尺寸和重量。

② 瓮城

为了避免城门直接暴露在敌人的攻击下，常在城门外侧或内侧再添筑一道、两道甚至三道城墙，形成一个面积不大的防御性附郭，称为瓮城。瓮城从形状上看，好像古代生活器皿中的"瓮"，故称为瓮城。瓮城有内外之分，筑于城门外的为外瓮城，筑于城门内的为内瓮城。瓮城形状有矩

图 4-12 明代南京京城城墙、城门及护城河分布示意图

图 4-13 中华门现存千斤闸石槽

形和半圆形两种，其墙体较主城墙体稍低稍薄。通常瓮城的城门与主城城门不呈直线对应，而是交错布局，以有利于防守，但都城的主要城门及其瓮城城门通常位于同一轴线上，以确保皇家车马可迅速通行。瓮城的设置不仅可用于屯聚守城军队和武器，也大大提升了城门的防御性能。

南京城墙 13 座城门中有 6 座设置了瓮城，其中三山门、聚宝门和通济门设有三道内瓮城，石城门设有两道内瓮城，正阳门设有一道内瓮城，神策门设有一道外瓮城。

内瓮城的制式在南宋以前极为少见，在都城城门内设置多道内瓮城则始于明初的南京城墙。最早提出开筑内瓮城设想的是南宋的陈规，他在《守城机要》中从理论上提出了设置内瓮城的构想。朱元璋及南京城墙建造者对前人"内瓮城"的构想不仅付诸实践，而且在实践的同时进行了发展和创新。

③ 藏兵洞

由于南京城墙大量采用了内瓮城形制，因此就有条件设置瓮洞（藏兵洞）以加强城门守御。藏兵洞是明代筑城技术的一大创新，士兵可从洞内瞭望孔观察外部敌情，进而判断并采取对敌应变的措施，对城门防守起到重要作用。藏兵洞除可在战时隐蔽和充实城门防御力量外，平常也可用于储存军备物资。目前已知，南京城墙的藏兵洞主要分布在聚宝门和东水关等处。

当有敌兵攻入南京城时，主城和瓮城的千斤闸会迅速放下，切断敌人退路，将其困在瓮城中；同时城上守军和藏兵洞内的伏兵可四处出击，将被围困的敌兵分别歼灭，恰如瓮中捉鳖（图 4-14）。

④ 南京城墙城门防御实例——中华门

中华门，明称聚宝门，1931 年改用今名。中华门是南唐都城至宋元金陵城的南门，洪武十九年（公元 1386 年），在原南门旧址上重新建造，是南京城墙所有城门中规模最大、修建最雄伟、保存最完好的一座城门。

图 4-14 南京中华门瓮城、藏兵洞和礓磜

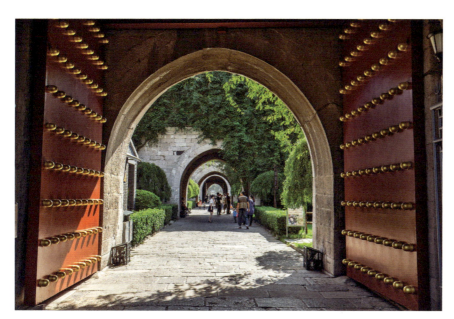

图 4-15　南京中华门主城与瓮城四道券门

聚宝门所用材料均系长 0.8—1.39 米、宽 0.7 米、厚 0.26—0.35 米的巨型条石和长 0.4 米、宽 0.2 米、厚 0.1 米的城砖，砖石材料间采用糯米石灰浆作为黏结剂，结构极为坚固。此门东西宽 118.5 米，南北长 128 米，总面积 15 168 平方米，上下高达 20.45 米。城门内设有三道内瓮城（图 4-14），四道券门贯通（图 4-15），各门都有上下启动的千斤闸和双扇木门。首道城门共三层，最上层原建有木质镝楼，后毁于战火，中层为砖石结构，面北并列筑有 7 个藏兵洞，下层正中筑券门通瓮城，左右两边各筑藏兵洞 3 个。瓮城东西两侧马道下各筑有藏兵洞 7 个，整个聚宝门的藏兵洞共有 27 个，均为拱券结构，战时可藏兵三千，平时藏粮万担。两侧有坡道礌磋（图 4-14），可骑马登城。

城门本为城防的薄弱环节，也是攻城的重要目标。南京中华门采用了三道内瓮城、四道城门、千斤闸和藏兵洞等精巧的设计，使城门的防御能力大大提高。该种设计充分体现了古人的智慧，也是明代"高筑墙"思想最生动的写照。

4.1.3 南京城墙护城河的营建

城墙与护城河的关系密不可分，"城池"就包含城墙和护城河两部分。朱元璋在建造南京城墙的同时，护城河的开挖与疏浚工程也在一并进行。洪武元年（公元1368年）十月，覆后湖（今玄武湖）及石灰山龙湾（今下关一带）河道，达千余丈。洪武五年十二月，大体完成京城护城河的修浚工程。《明太祖实录》记载，当年十二月"甲申，时浚修京师城壕，上幸三山门观之"。对太平门外未浚的护城河，也于洪武六年十一月动工，"其地并（滨）湖，多侵民田。乃诏以公田给之（交换）；有麦苗者，（每）亩给银五钱赏之"。洪武七年十二月，"凿石灰山河，开民地六千余亩。上命给白金偿之，除其税"。洪武十九年十二月，新筑后湖城，利用玄武湖作为天然护城河。

南京城墙的护城河水系由三部分组成（图4-12）：一是利用自然水体改造而成，主要是城东北的玄武湖、燕雀湖和琵琶湖，及城西的秦淮河；二是整修五代十国时期杨吴城壕南边的一段（又称外秦淮河）作为城南护城河；三是开凿新河，如城东自中山门向南，转至东水关外与秦淮河相连的部分，以及城北自玄武湖始，向西沿城墙转至定淮门的护城河。这三部分护城河连成一体，并与长江、秦淮河及金川河相互沟通。南京城墙护城河蜿蜒屈曲，形态近于自然，说明当时的城墙设计者充分考虑到人工构筑的城墙需与南京山水完美结合。目前，南京城墙护城河保存完好。

南京城墙护城河最宽处位于玄武湖段，其现今宽度约 2 000 米；而一般地段的现宽为 60—100 米。参照 1898 年法国传教士方殿华绘制的《江宁府城图》（图 1-7，图中比例尺为 1∶14 500），对南京护城河进行测量可知，当时护城河一般地段的宽度为 40 余米。2015 年和 2018 年，南京市考古研究院在热河路沿线发现了明代护城河仪凤门段的东西驳岸遗址。其中 2015 年发现西部南北走向的驳岸两条，一号驳岸修筑于明代，由较为规整的条石错缝砌筑，条石底部打有木桩支撑；二号驳岸修筑于晚清时期，位于一号驳岸东侧 11.8 米处，由砖块和石块砌筑而成，驳岸底部也有木桩基础。2018 年，考古人员找到了与西侧驳岸遥相呼应的明代东侧驳岸。依据测量数据可知，明代南京城墙下关一带的护城河宽度超过 100 米。同时驳岸位置随着时代的变迁不断变化，其直观反映了从明清直到民国时期，这段明代护城河逐渐被侵占、水位升高直至淤塞的发展过程。目前南京城墙外秦淮河的水位为 7—8 米，河底标高在 1 米左右，因此该段护城河的深度在 6—7 米之间，而明代南京城墙护城河的深度数据未见文献记载。表 4-2 中列出部分朝代都城护城河的宽度和深度，由表中数据可知：明代南京城墙护城河的宽深尺寸在历代都城护城河中均位居前列。

表 4-2　历朝都城护城河演变

朝代	都城	护城河宽度（一般段）/米	护城河深度/米
西汉	长安城	约 8	约 3
汉魏	洛阳城	18—40 不等	3—4
宋	东京城	80	4.8
元	大都城	40	6.5
明	南京城	28—1 743	6—7（现今）
明清	北京城	30—50	6—7

古代攻城必须渡过护城河才能对城墙开展有效的直接进攻。渡河要么架设浮桥，要么实施船渡，南京城墙既宽又深的护城河不仅增加了敌方渡河的难度，也有效地迟滞了敌方进攻的连续性。除发动地面进攻外，古代攻城还可采用挖地道的方式从地下开展进攻。挖地道类似于现代的隧道施工。地铁隧道的开挖深度一般受其线形控制，但在跨越江河湖泊水体时，则需考虑上部水体的影响，其关键参数是水底隔水层的强度和隧道顶面与隔水层顶面间的厚度。如设计和施工控制不当，则易出现隧道开挖诱发顶部隔水层变形开裂，进而发生上部水体大量涌入隧道的突涌水事故。因此南京地铁在穿越秦淮河段的施工时，通常会采用控制隧道顶部隔水层厚度，预先加固隔水层及加强施工控制等综合方法来保证水体下隧道施工的安全。由此可见，南京城墙既宽又深的护城河可对敌方的地面和地下进攻皆起到很好的防御作用，形成京城的第一道防御。

南京城墙护城河周长 31 159 米，基本合围南京城，仅龙脖子段出于风水堪舆的考虑没有开挖护城河，成为南京城墙防御的薄弱地段，历史上曾多次被选为攻城的主要突破口。如太平天国时期，太平军为了加强龙脖子段的防御，在龙脖子城墙外修筑了一座地堡城，而在附近制高点紫金山山顶上修筑了一座天堡城。两个城堡皆由岩石垒砌而成，并配装有大炮，一上一下，遥相呼应。1862 年曾国荃率军进抵南京城郊，首先攻克了天堡城，而后占领地堡城，并于 1864 年 7 月挖地道填埋 600 多袋炸药，轰开城墙 20 余丈后攻入南京。

明代属于冷兵器与火器并用的时代。按照《明实录》和《大明会典》所载，明初步兵的兵种构成为"二十牌、四十枪、三十弓、十铳"，其中弓弩合计占30%，火器占10%，两者最大有效射程皆可达百米以上。永乐年间，明成祖组建的神机营，是历史上第一支专用火器的部队。明朝中后期（正德—万历年间），火器更是得到空前的发展，单管火铳年制造量高达数十万支，同时明朝还积极引进了佛朗机炮、红夷大炮、鸟嘴铳、鲁密铳等先进的西方火器，并加以仿制改进。明代后期的鸟嘴铳射程可达约300米，强于明代普通的单兵弓弩，而红夷大炮的有效射程为500米，最远距离可达1.5千米。在明代火器大力推广运用后，一些冷兵器时期的战具逐渐被管形火器所代替而遭淘汰，如抛石机、弩等。

南京城河一体的防御作用

南京城墙与护城河间的距离一般为40—80米，最宽处在玄武湖，达334米，最窄处在琵琶湖，城墙基本临湖而建。南京城墙与护城河间的距离小于明代守城冷兵器和火器的有效射程。如此设置，则可在护城河发挥防御作用的同时，守城士兵可对护城河对岸及渡河的敌军，居高临下进行打击。

4.2 良渚古城的营建技术

4.2.1 莫角山宫殿区的营建

莫角山宫殿区位于良渚古城中心，是古城中最重要的人工堆筑台地，并以其巨大的规模和体量引起学术界的高度重视。莫角山宫殿区由两级台基组成。一级台基——莫角山台基的四至边界十分整齐，为长方形覆斗状，台底东西长约 630 米、南北宽约 450 米，面积近 30 万平方米。台基顶部的海拔高度约为 12 米。在莫角山台基上又分布有三个独立的二级台基（图 4-16），分别被称为大莫角山、小莫角山和乌龟山。大莫角山位于莫角山的东北部，呈长方形覆斗状，台底东西长约 175 米、宽约 88 米，总面积约 15 000 平方米，台基顶部海拔高度约 18 米（相对莫角山顶面约有 6 米高度）。小莫角山位于大莫角山西侧，距离大莫角山 80 余米，台底东西长约 90 米、南北宽约 40 米，面积约 3 500 平方米，台基顶部海拔最高处 17 米，相对高度约 5 米。乌龟山位于小莫角山南侧，距离小莫角山 80 余米，台底东西长约 130 米、南北残宽约 67 米，面积约 8 500 平方米，海拔高约 16.5 米，相对残高 4 米多。

2010—2013 年，考古工作者通过机钻和解剖发掘对莫角山的边界、堆筑过程及堆积厚度有了比较明确的了解。

莫角山宫殿区的西部利用了原有自然山体，人工堆筑厚度为 2—6 米，莫角山东部的堆筑厚度为 10—12 米，其中人工堆筑最厚处在大莫角山处，为 16.5 米，整个工程土方量约为 228 万立方米，接近古埃及胡夫金字塔的石方量（约 250 万立方米）。

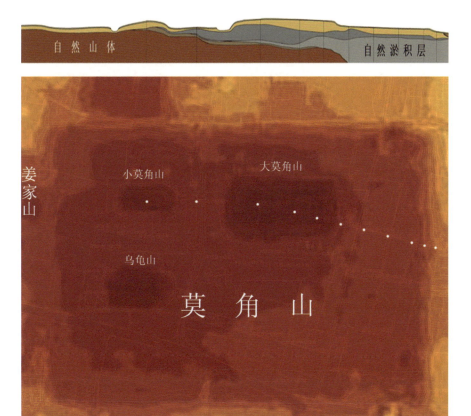

图 4-16 莫角山勘探显示的堆筑情况

莫角山西部与西侧姜家山台地所在位置原有一自然山体，莫角山东部为沼泽，良渚先民没有把莫角山土台全部设计在自然山体上，而只是利用了山体的东边缘，并把东部的沼泽地堆高了 10 多米，这使整个土台的工程量增大数倍，良渚先民这样做的目的可能是把莫角山设计在古城正中心，以彰显它独特的地位。这也暗合了后世所推崇的"古之王者，择天下之中而立国，择国之中而立宫"的宫室规划理念。

在堆筑莫角山时，良渚先民首先以沼泽淤泥堆筑大基础，再用山上的黄土覆盖堆成土台台顶和3座宫殿台基。在莫角山高台堆筑淤泥基础时，就预先将大莫角山、小莫角山和乌龟山三处的台基位置进行了凸出加高，这说明在堆筑之前，良渚先民就对台上建筑的功能与形态，进行了定位设计，然后依图而建。同时十几米高的土层之间没有间歇现象，因此莫角山宫殿区台地是在短时期内堆建起来的。

考古工作者在城东的生土面上发现了取土剩下的狭长土埂，而城北地势低洼且与周边地势变化突兀，因此推测莫角山底部基础的淤泥应主要取自古城的东面与北面。经过取土之后，在古城的北面和东面形成了大面积的人工水面，与原先周边的自然水域相连接，使古城外围的水域更加开阔，增加了古城的安全感及环境的优越性。同时钻探结果显示，皇坟山西侧低地的良渚生活堆积和淤积层下面直接就是红色黏土层。因此莫角山所用黄色黏土部分可能取自莫角山南侧的皇坟山；取土后，这里当年会形成一片小小的水面，或许正好成为宫殿区的花园。

草裹泥是良渚古城内大型人工堆筑台地及外围水利系统建造应用最广、最具特色的施工工艺，相当于后世抗洪抢险加固所用的沙包和土工袋。通常草裹泥长40厘米，宽10厘米，厚8厘米，平均重6公斤（图4-17）。经复原，草裹泥的制作流程是在沼泽地上取土，然后用茅荻包裹土块，再用竹篾条进行绑扎固定（图4-18）。考古发掘显示，良渚先民在采用草裹泥进行填筑时常将草裹泥纵横交错摆放，同时一块场地中的草裹泥呈块垄状分布，各片草裹泥的土质土色有明显的差异，每一大块草裹泥约有1.5×1.5×2立方米左右（图4-19）。

莫角山的堆筑

图 4-17　出土的草裹泥样品

图 4-18　草裹泥制作过程复原

图 4-19　草裹泥堆筑的人工台地（草裹泥呈块垄状分布）

考古工作者在对草裹泥工艺进行分析后认为，良渚先民在沼泽平原上建造都城，淤泥和茅荻两种建筑材料丰富，而丘陵山地表层的黄色黏土较少且获取不便。城内大型台地采用草裹泥预先堆筑到一定高度后再在外面包裹坚韧度好的黄色黏土，可充分发挥各类材料的特点，节省大量优质建筑材料。

沼泽地的淤泥松软，易于挖取，而淤泥经草裹以后，土体强度得到显著增强，易于运输和填筑；而淤泥挖掘地的选择可以结合规划设计形成负地面水域。

草裹泥可直接堆叠垒高，具有很好的可塑性和韧性，同时纵横咬合堆筑增加了填块间强度。此种工艺利于程序化操作，方便制作、运输和堆砌等工序的分工实施，可以最大限度地发挥人海战术，多方面同时进行工作，

图 4-20　沙土广场遗迹分布图

加快工程进度。同一地点草裹泥呈块垄状分布即代表此处的草裹泥来自不同的地点，而块垄的大小与一次运输量有关，可以此估算当时一组船或竹筏的载重量。

莫角山台基中部区域（三座宫殿台基之间）的黄土上部还存在一层由沙和土混合夯筑而成的加固地面，称之为沙土广场。广场大致呈曲尺形，分布在东西长约 465 米、南北宽约 320 米的范围内，占地面积达 7 万平方米（图 4-20）。沙土广场是以一层沙、一层土交错夯筑而成，质地坚硬、制作考究，是古城内外唯一明确的夯筑遗存（图 4-21）。经过研究，此类沙土夯筑结构可起到透水、坚固及雨天防粘的作用，并推测沙土广场应是莫角山宫殿区举行重要仪式的场所，功能类似于现今的天安门广场。

图 4-21　沙土广场夯坑遗迹

　　大莫角山上共发现 7 个面积为 300—900 平方米的高台式建筑基址，呈南北两排分布。其中大莫角山 2 号宫殿建筑基址东西长约 25.5 米，南北宽 11.5 米，面积约 280 平方米。房屋格局较为清晰，包括东、西两间房屋，每间长、宽均为 7.5 米。房屋四周围有檐廊，室外可能还铺设木板的户外活动面（图 4-22 和图 4-23）。

　　宫殿区东部钟家港河道中出土了多根加工过的大木头，如图 4-24 左侧的方木长 17 米、宽 44 厘米、厚 20 厘米；中间的方木长 14.6 米、宽 50 厘米；右侧的圆木长 17.2 米，最大直径 57 厘米。这些木头可能是建造宫殿时使用的木材，从它们的尺寸可推想良渚王宫建筑的恢宏。

图 4-22 大莫角山 2 号宫殿建筑复原图

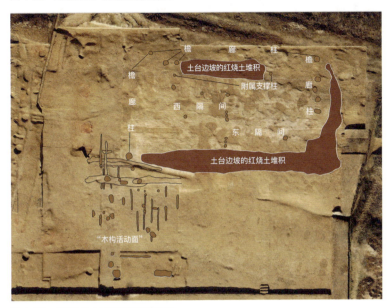

图 4-23 大莫角山 2 号宫殿建筑基址图

图 4-24 宫殿区东侧钟家港河道出土的 3 根大木头

4.2.2　良渚古城城墙的营建

良渚古城的四面城墙，宽为 20—150 米，残存最高约 4 米，以凤山和雉山为支撑点，南北约 1910 米、东西约 1770 米、周长约 6000 米，围合面积近 300 万平方米。城墙底部普遍铺垫石头，上部由黄色黏土夯筑而成，坡脚位置有良渚文化晚期堆积。四面城墙在结构、堆筑方式和生活堆积年代上都完全一致，这为证明四面城墙的整体性和同时性提供了可靠依据。

城墙底部的垫石层有 20-40 厘米厚，40-60 米宽（城墙凸出位置宽达百余米），仅在接近凤山、雉山和黄泥山等地段由于地势较高、基础较好，没有铺垫石头地基。城墙底部垫石大小、质地不一，既有磨圆的砾石，也有棱角分明的块石。从工程技术角度分析，该层垫石形成了人工硬层，增强了城墙的稳定性；同时又可以阻断墙体与地下水的联系，避免地下水向上渗透软化墙体等。城墙基础垫石呈条垄状分布，每一条垄的石头都略显不同（图 4-25）。经对四面城墙解剖点的石头与周边山谷的石头进行岩性对比鉴定，证明大部分石头取自北面和南面的几个山谷，而每 4-5 平方米左右条垄块的形成，恰好反映了一组船或竹筏的运载量。

图 4-25　城墙垫石视觉分垄情况

通过长期的生产实践，良渚先民知道山坡上的黄色黏土黏性较强，堆筑起来可以抵御洪水的冲刷。直到现在当地人仍然知道，修建水库大坝和加固河堤时还必须要用山上的这种黄土。实验分析证明，北城墙的堆土主要来源于黄泥口地段的黄土山。同时，现场勘探发现，黄泥口村东约200米处的表土下3-4米位置留有许多坑洼不平的黄土坑，这些土坑是当年取土后留下的。

良渚古城采用石头铺垫地基，黄色黏土堆筑城墙的做法，在中国以及世界同时代的遗址中尚属首见。一般城墙的做法都是直接开挖城河，以开挖出的土来堆筑墙体。良渚先民之所以采用这样的筑墙方式，与他们选择建城的环境密切相关。

4.2.3　良渚古城河道的营建

良渚古城城墙的内外侧都有城河，形成"夹河筑城"的结构。城墙每隔一段距离都有凸出的缓坡伸入内外城河，其形态并没有统一的规范，宽窄长短也有很大的随意性。考古人员推测城墙的凸出段应是良渚先民沿着水边地势有意修筑而成，每两段间可形成一个小小的河湾，凸出部分可作为码头使用。

经考古勘探，在城墙外的北、东、西三面均发现有外城河，总长约3 000米、宽13-40米、深0.5-2米，只有南城墙外地势较高，未发现外城河。外城河应是沿沼泽水边人工开挖形成，而挖掘出的淤泥，正好铺垫在城墙垫石基础的底部，起到找平、黏结与防渗漏的作用。沿着四面城墙内侧均发现内城河，呈环状相互贯通。良渚先民利用区域内原有的一些小河，修成了环绕城内的内城河，全长约6 500米，宽5-80米，深0.5-5米，其中北城墙的内城河大部分保留完好，现在当地居民仍在使用，称为"河池头",其他内城河区域往往仅见局部残留的水塘。内外城河将城墙形成的小港湾连接起来,并通过8个水城门相连,及与外部更大的水域相通。这种夹河筑城的方式在江苏常州春秋战国时期的淹城,以及许多后代江南古城都可见其遗风。

除了沿着城墙的河道外,在城内共发现古河道51条。其中以莫角山宫殿区四面河道为主河道,呈"井"字形布局,而后良渚先民在内城河与主河道之间开挖支河,与主河道、内城河共同形成城内的河道网,纵横交错,构成完整的水路系统。

依据考古勘探,上述河道以及内外城河大多数为人工开挖而成,而开挖河道形成的淤泥则主要用来堆筑莫角山等台地的基础。城内外古河道总长度超过了30千米,其中内外城河的总长度达9 538米,城内其他河道总长度达11 733米,外郭内河道的总长度达10 291米。其中位于古城内南侧的东西向主河道(现名良渚港)应是利用了原有自然河道改造而成的,十分神奇的是这条河道经历了5 000年仍完好地保留至今,在这里静静流淌。

目前的考古资料显示,良渚时期还没有发明轮式交通工具,其运输主要是通过水路来实现的,对应的运输工具为竹筏和独木舟(图4-26)。从良渚古城及周边区域发达的水系来看,可想见当时的舟楫交通之便。

良渚古城是座水城,其河岸的稳定和码头的建造也随之成为良渚先民施工的重点之一。通过现场发掘,考古工作者在城内钟家港河道发现了由竹编和木桩构成的护岸(图4-27),而在外郭美人地台地发现了以木板构成的护岸(图4-28)。这些做工考究的护岸形成人工河岸,船只可直接靠泊在岸边,与目前长江下游江南水乡临河而居的景象十分相似(图4-29),这为探寻江南水乡居住生活模式的文化渊源,提供了十分珍贵的资料。

图 4-26　良渚时期的独木舟

卞家山遗址位于古城外郭南部,该遗址北部为墓地,出土了陶器、木器、骨器、漆器、石器、竹制品等大量遗物,反映了外郭城平民的生活面貌。其南部为水埠和码头,共发现140多根木桩,其中沿岸的木桩为埠头桩基,外伸的木桩为栈桥桩基,栈桥总长约10米(图4-30、图4-31)。

图 4-27　钟家港河道木构护岸遗迹

图 4-28　美人地木板护岸

人工水系

图 4-29　江南水乡临河而居

图 4-30 卞家山木构码头与河埠头遗迹

图 4-31 卞家山木构码头与河埠头复原图

4.3 小结

本章对南京帝都和良渚王城的宫殿、城墙和水系的营建进行了介绍,发现两城的营建存在相似性,主要体现在以下两个方面:

其一,有庞大的规模、巍峨的宫殿、考究的用材,无处不在地体现着帝都王城的权威与强盛;

其二,具有因地制宜的工艺、精巧的设计、卓越的质量,彰显其灵活与智慧。

玉冠状器

第 5 章 王权等级、组织管理

礼是古代中国社会的秩序体现,是中国传统文化的核心。《礼记》中说:"夫礼者,所以定亲疏、决嫌疑、别同异、明是非也","君臣、上下、父子、兄弟,非礼不定","班朝治军,莅官行法,非礼威严不行;祷祠祭祀,供给鬼神,非礼不诚不庄"。礼的制定不仅可以维持等级社会的秩序,保障社会组织的高效运行,同时还可彰显统治者的王权,区分社会等级。南京帝都体现着森严的礼制思想,而良渚王城则体现着礼制的滥觞。

5.1 大明帝国的皇权

5.1.1 明朝礼制

明朝（公元 1368-1644 年），是最后一个由汉族建立的大一统王朝，共传十六帝，国祚 276 年。明朝建立之初，明太祖朱元璋定都于应天府（今南京）；公元 1421 年，明成祖朱棣迁都至顺天府（今北京）。明朝的领土包括内地的两京与十三布政司，初期东北可抵日本海、外兴安岭，后期缩为辽河流域；北面曾达戈壁沙漠一带，后退往长城沿线；西北曾至新疆哈密，后改为嘉峪关附近；并在西藏、青海等地设有羁縻机构；永乐、洪熙、宣德之际，南方还曾短暂统治过交趾（今越南北部）。

明朝建立之初，朱元璋吸取了元统治者的教训，深刻认识到元朝灭亡的原因之一，就是统治者只有严苛的法律，而对人民没有礼制、道德的约束，百姓没有长幼有序、尊卑等级的观念。所以，明朝建国后的第一要务就是"先正纲纪"。

一般来说，朝代交替，典制未备，新王朝多沿袭前朝礼制，然后再斟酌时宜，不断改进完善，形成一朝之礼。历代王朝只有明太祖在开国之初即弃元礼不用，而另谋擘画一朝礼制。究其原因，皆因元朝在国家礼制建设上，以胡俗替代传统儒家礼乐，从而造成元明之际"彝伦攸斁，衣冠礼乐，日就陵夷"的局面。元朝礼俗在许多方面直接与儒家精神内核相悖，如联姻忽视伦常、亵慢圣贤，使中国传统社会的伦理秩序受到严重挑战。在明朝统治者看来，元俗对传统伦理的漠视还直接导致了纲常废坏，彝伦渎乱，进而导致政局不稳。面对此状况，朱元璋对元礼俗是持"久厌之""甚厌之"的强烈抵触态度；从政治定位上看，朱元璋自称，"虽起自布衣，实承古先帝王之统"，决定了他不仅要在军事层面上"奉天逐胡，以安中夏"，更要在文化层面上"复先王之旧",恢复传统的儒家礼制,从社会稳定的角度改变延续百年的胡俗乱象,重塑传统社会的礼教秩序。

洪武二年(公元 1369 年),朱元璋下诏开"礼局",征儒士纂修"礼书"。洪武三年编纂完成,朱元璋赐名《大明集礼》,共五十卷颁行天下。此后,朝廷制礼活动仍持续不断,到洪武三十年,又陆续修成《孝慈录》《洪武礼制》等几十部制书。这些礼制皆"斟酌古制"而定,其中既有对中国传统五礼的绍续,也有对适用范围更广、更能对政治与社会秩序发挥构建和稳定作用的中下层礼制的制定与完善,《明史》对此评价称"其度越汉、唐远矣"。通过一系列制礼活动,至洪武末期,明朝已构建了一个以封建皇权为核心,等级分明、尊卑有序的封建礼制社会。

明代礼制的一个重要特点就是对中下层礼制的重视。其内容归结起来主要涉及两方面:一是对各种社会仪式中个人行为的规范;二是对日常生活中物质使用的规定,比如对车舆、宅第、冠服、墓葬、器物的等级制度规定。中下层礼制的颁行看似不起眼,实际上却是明代礼制的重要创新,又因朝廷的强力推行,客观上起到了等级社会秩序的构建与稳定作用。因此,礼制作为等级和秩序的规范,必然会反映在明代社会生活的方方面面,以下仅选取礼制建筑、一般建筑、冠服、墓葬四个方面为代表进行重点论述。

(1)礼制建筑

我国古代礼制建筑包括祭祖先的宗庙,祭天、地、日、月、山、川的坛庙等,是君王通过祭祀向天下显示其皇权合法性的场所。礼制建筑通过"位置""布局""式样""体量""用料""色彩""装饰"等建筑语言,

明代礼制和社会组织管理

直观体现了"受命于天""皇权至上"的等级观念，从而达到巩固统治的目的。

① 宗庙

北京太庙，是明清两代皇帝根据中国古代"敬天法祖"的礼制，祭奠祖先的家庙，始建于明永乐十八年（公元1420年），占地200余亩，是我国封建社会保存下来的唯一宗庙实物，布局完整，极具历史价值。太庙按"左祖右社"的礼制建在紫禁城东南侧，与西侧的社稷坛对称布置，有内、外二重墙，只在南、北轴线处开门。内墙南面正门称"戟门"，戟门内中轴线上建有前、中、后三殿。前殿是祭殿，两侧各有配殿15间。中殿为贮历代皇帝木主的寝殿。后殿称祧庙。此外还有神厨、神库、宰牲亭、治牲房等建筑。太庙中轴线上的一门三殿，前殿（正殿）是重檐庑殿顶，中殿、后殿和戟门都是单檐庑殿顶，均使用黄琉璃瓦覆盖，这种在中轴线上连续建四座庑殿顶殿宇的布置为明代孤例，属当时的最高规格（图5-1），即使是代表国家皇权的紫禁城"三大殿"也不能及。这充分表现了皇家对祖先的崇敬，以及家族皇权为国家根本的封建等级思想。

② 天坛

现在的北京天坛始建于明永乐十八年（公元1420年），后经明嘉靖和清乾隆时期几次修建，但总体布局始终未变，占地面积达273万平方米，约相当于紫禁城面积的四倍。总体布局上，古人认为天属阳，而南为阳，祭天的圜丘应布置在国都南郊。明代天坛即建于城外南部、外郭永定门内东侧，在北京城中轴线的东面。总平面由内外两重坛墙围合几组建筑群而成，北坛墙为圆形，南坛墙为方形，寓"天圆地方"之意。内坛南部为祭天的圜丘坛（祭天台）建筑群（图5-2），北部为祈祷丰年的祈年殿建筑群（图5-3）。南北两坛由一条高出地面3米多、宽约30米的甬道丹陛桥相连。天坛建筑的主要设计思想就是要表现"天"的至高无上，并且在

图 5-1　太庙戟门（左上）、前殿（右上）、中殿（左下）、后殿（右下）

图 5-2　天坛圜丘　　　　　　　　图 5-3　祈年殿

主要建筑上广泛使用寓意、象征的手法，来突出"皇权天授"的等级思想。如圜丘坛层数、台面直径、石块、栏板等对"阳数"的重视，祈年殿使用蓝色琉璃瓦，按天象列柱等设计，都是这种表现手法的具体体现。

（2）一般建筑

明朝对建筑等级的规定在《明史》中以"宅"的概念表达出来，这一概念实际上覆盖了除坛、庙等礼制建筑以外的其他整个建筑系统。明代建筑的布局、形式、用料、色彩、装饰等各方面无不充斥着"分尊卑""别贵贱"的礼制等级思想。其中较为典型的有以下建筑等级规范。

① 屋顶

屋顶是中国传统建筑中区分等级的最主要部分。到了明代，屋顶等级的划分更加规范，由高到低依次可分为：重檐庑殿顶、重檐歇山顶、单檐庑殿顶、单檐歇山顶、悬山顶、硬山顶等。其中，庑殿顶建筑在封建等级制度中是最高级别的建筑，一般用于皇宫、庙宇中的最主要大殿，特别重要的用重檐结构，如北京故宫的太和殿（图5-4）。歇山顶，等级仅次于庑殿顶，常用于宫殿中的次要建筑和官署，如北京故宫保和殿就是重檐歇山顶。此外，规定除皇家外，不论官位多高，住宅只能用"两厦"（悬山顶、硬山顶），且平民"房舍不得施用重檐"。因此，明代根据屋顶的形式可以很容易区分出居者的地位等级。

② 屋顶兽吻装饰

兽吻是中国古建筑中屋脊兽饰的总称，只有官式建筑才能安置，民间建筑是不许使用的，代表着严格的等级制度。《明会典》记载："公侯屋脊用花样瓦兽，五品以上官皆用瓦兽。"脊兽按列均由单数组成，一般采取1、3、5、7、9、11数列排列（即阳数），最高为11个，其排列顺序为：骑凤仙人，龙，凤，狮子，天马，海马，狻猊，狎鱼，獬豸，斗牛，行什（图5-5）。建筑的地位越高，脊兽的数目越多。现存古建筑中全部脊兽都到位的，仅北京故宫太和殿唯一一例，彰显了皇权的至高无上。其他建

图 5-4　北京故宫太和殿（重檐庑殿顶）

图 5-5　北京故宫太和殿脊兽图示

筑脊兽的数量，随着宫殿等级的降低而递减。如乾清宫为帝王理政、居住的地方，地位仅次于太和殿，设脊兽9个；坤宁宫为皇后的寝宫，设脊兽7个；东西六宫是妃子的住所，设脊兽5个；最少的为次要角门，设脊兽1个。

③ 建筑琉璃

明代的建筑琉璃仅限于皇家的宫殿、园林、墓葬、坛庙、亲王府第，以及民间的寺庙道观使用，而官僚和百姓严禁使用。此外，明代对建筑色彩也有严格规定，黄色因在《周礼》中象征权力，只能为天子专用。因此，北京故宫采用黄色建筑琉璃，而明代亲王府第，多采用比黄色等级低的青色建筑琉璃。

④ 官员、庶民宅第等级

《明史》中详尽地记叙了百官、庶民宅第的各类"注意事项"。例如，禁止官民房屋雕刻古帝后、圣贤人物、日月、龙凤、狻猊、麒麟、犀、象等形象，不准歇山转角、重檐重拱及藻井等。《明会典》对各级官员宅第等级有详细的规定：一、二品官员，厅堂五间九架，屋脊用瓦兽，梁栋、斗拱、檐桷青碧绘饰，门三间五架，绿油兽面锡环；三至五品官员，厅堂五间七架，屋脊用瓦兽，梁栋、檐桷青碧绘饰，门三间三架，黑油锡环；六品至九品官员，厅堂三间七架，梁栋饰以土黄，门一间三架，黑油铁环。所有品官房舍，门窗户牖不得用丹漆。

（3）冠服

明代对各阶级冠服的具体形制和使用场合进行了详细规定，从而在社会中建立起一种象征秩序，以此来划分权力边界、规范社会秩序。以下就对皇帝和官员的冠服进行论述。

皇帝的冠服在明初共有五种，"冕服""通天冠服""皮弁服""常服""武弁服"；嘉靖时进行了礼制改革，又增加"燕弁冠服"一种，它们视不同的场合供皇帝穿着，各有所用。冕服：祭祀天地、宗庙及正旦、冬至、圣节朝会、册拜，皆服衮冕；通天冠服：郊庙、省牲、酺戒、皇太子及诸王冠婚，则服通天冠；皮弁服：朔望视朝、降诏、降香、进表、四夷朝贡朝觐，则服皮弁；常服：日常穿着；武弁服：皇帝亲征、遣将，则穿武弁服；燕弁冠服：帝燕居所穿法服。在整个明帝国冠服体系中，只有皇帝才拥有这六种冠服，天子的至尊地位与绝对权力通过各种冠服的使用被展现出来。

明代官服分为四类：朝服，于大祀、庆成、正旦、冬至、圣节、颁降、开读、诏赦、进表、传制则服之；祭服，凡皇帝亲祀郊庙、社稷，群臣分献陪祀则具祭服；公服，在京文武官于每日早朝奏事及侍班、谢恩、见辞则服之，在外文武官员于每日早公座亦服之；常服，官员日常处理公务时的服饰。

① 朝服。在《洪武礼制》和《诸司职掌》中，对官员朝服制度做了详细介绍：文武官朝服，"梁冠，赤罗衣，白纱中单，俱用青饰领缘；赤罗裳，青缘；赤罗蔽膝，大带用赤、白二色绢，革带，佩绶，白袜黑履。一品至九品，俱以冠上梁数分等第。"（见表5-1）从表中可以看出：从一至九品，以冠上梁数为差，并附之以佩绶花纹、革带铐饰和笏板原料的不同来区分身份。明代官员朝服制度与前朝不同的是：其一，将梁冠、革带、笏板、佩玉等朝服中所有能区别等级的装饰手段都综合运用起来，使官阶的标示更加醒目和严格，而不像前朝那样，只以冠、绶区别等级；其二，官员从最高的一品到最末的九品，其冠梁数目和佩绶花纹都有规定，等第分明，不像唐宋那样只重视中高级官吏的划分。

② 祭服。祭服在明代法律文献中规定得较为简洁，《礼仪定式》与《诸司职掌》中所定内容基本相同，凡陪祭服，"一品至九品，青罗衣，白纱中单，俱用皂领缘。赤罗裳，皂缘。赤罗蔽膝。方心曲领。其冠带、佩绶等第，并同朝服"。

③ 公服。明代文武官公服俱用"盘领右衽袍，用纻丝或纱罗绢，袖宽三尺……幞头用漆纱二等，展角各长一尺二寸"。其官阶的等差顺序，主要体现在服色、花纹和腰带的差别上（表5-2）。

表 5-1　明代品官朝服等差（洪武二十四年）

品级	梁冠	革带	佩绶	笏板
一品	八梁（公爵）			
	七梁（侯爵）	玉	玉佩，云凤四色花锦绶，玉绶环二	象牙
二品	六梁	犀	玉佩，云凤四色花锦绶，犀绶环二	象牙
三品	五梁	金	玉佩，云鹤四色花锦绶，金绶环二	象牙
四品	四梁	金	药玉佩，云鹤四色花锦绶，金绶环二	象牙
五品	三梁	银钑花	药玉佩，盘雕四色花锦绶，银镀金绶环二	象牙
六、七品	二梁（御史加獬豸）	银	药玉佩，练鹊三色花锦绶，银绶环二	槐木
八、九品	一梁	乌角	药玉佩，鸂鶒二色花锦绶，铜绶环二	槐木

表 5-2　明代品官公服等差

品级	服色	腰带	袍衫花纹
一品	紫罗服	玉带	大独科花，直径五寸
二品	紫罗服	花犀带	小独科花，直径三寸
三品	紫罗服	荔枝金带	三搭花，直径二寸
四品	紫罗服	荔枝金带	小杂花，直径一寸五分
五品	紫罗服	乌角带	小杂花，直径一寸五分
六、七品	绯罗服	乌角带	小杂花，直径一寸
八、九品	绿罗服	乌角带	无花纹
未如流	檀褐绿窄衫	黑角束带	

表5-3 明代品官常服补案等差

品序	一品	二品	三品	四品	五品	六品	七品	八品	九品	杂职	风宪官
文官	仙鹤	锦鸡	孔雀	云雀	白鹇	鹭鸶	鸂鶒	黄鹂	鹌鹑	练鹊	獬豸
武官	狮子	狮子	虎豹	虎豹	熊罴	彪	彪	犀牛	海马		
带饰	玉	花犀	金钑花	素金	银钑花	素银	素银	乌角	乌角	乌角	乌角

④ 常服。明代常服又称为补服，是文武百官上朝视事及在本衙署内处理公务时的服装。比起朝服和公服来，其穿着比较随意和频繁。现在常说的乌纱帽和补子都属于常服，这是明代官服制度的一大创新（表5-3）。明代常服利用前后所绣补案来区分等级和文武，文官用飞禽，武官用走兽，又配以不同的束带饰物，共同构成常服的等差系统，所谓"衣冠禽兽"就出自此（当时并无贬义）。

（4）墓葬

朱元璋建立明朝后，为推崇皇权，恢复了预造寿陵的制度，并于洪武十四年（公元1381年）开始建造（明孝陵），先后调用军工10万，至明永乐三年（公元1405年）完成，历时25年。明孝陵与唐宋诸皇陵相比，其陵园建置有以下三大特点：

其一，唐宋皇陵陵园皆仿都城布局，封土在陵城中央，象征帝王中宅天下。而明孝陵布局则是前方后圆，南北以一纵轴线贯穿。陵园建筑由南向北逐级递进，坟丘建于陵园最北端。在明孝陵陵宫中，献殿（享殿）和坟丘各为一个院落的主体，其中献殿完全仿皇宫正殿格局，相当于前朝大殿，而明楼宝顶及地下玄宫则相当于大内后寝，从而开创了明清两代帝陵"前朝后寝"的布局方式。

其二，由秦汉至唐宋，与皇陵平面布局为方形相配，皇陵坟丘亦为方形或长方形覆斗状封土，明孝陵则改为圆形。按照中国古代"天圆地方"的象征性观念，孝陵陵宫的平面布局颇映射出后世嗣君，在地（享殿）祭天（宝顶）的意境。

图 5-6 明孝陵石像生

其三，孝陵石像生，沿神道两旁依次排列着狮子、獬豸、骆驼、象、麒麟、马 6 种石兽，每种 2 对，共 12 对 24 件，每种均两跪两立（图 5-6）。此外，另有石望柱 1 对，望柱之后是东西相对而立的翁仲，有武将、文臣各 2 对，共 8 尊。所有石雕像均以整块石料雕成，是明清所有陵寝中规模最大的一组。

总之，明孝陵的基本格局，一直规范着此后明清两朝 500 多年，20 多座帝陵的建设规制。

明代对官员墓葬有着严格的等级规定。如墓前石像生、牌坊、谕祭碑的设置等，都体现了封建等级制度。

① 石像生。明代规定"二品以上置石人、石虎、石马、石羊、石望柱各两件，三品置石虎、石马、石羊、石望柱各两件，四品置石虎、石马、石望柱各两件，五品置石马、石羊、石望柱各两件"。从明朝的规定可以看出，官员墓前的石像生基本组合为石马、石羊和石望柱。官阶越高，所置石像生的种类越多，如二品官比三品官多了石人，三品官比四品官多了

石羊，五品官又少了石虎等。不仅如此，官阶不同，墓前石像生的高度和动物的姿势也不相同，大致是官阶越高，石像生越高大。

② 牌坊。明朝的高官至少都有两座以上的牌坊，竖立于墓区前面的广场位置，以旌表墓主人的功德和业绩，是墓葬的显要标志。古代重臣去世后，经常会有当地或皇帝派遣的官员前往祭祀，明朝官吏来到或路过重臣墓地，从远处看到墓前的牌坊，则必须文官下轿、武官下马，以示对墓主人的尊敬。

③ 谕祭碑。"谕祭葬"为皇帝给予的特殊礼遇。谕祭碑是一般官员可望而不可即的。谕祭碑通常是在墓主人去世后，由礼部草拟谕文，经皇帝颁诏，派遣礼部官员致祭葬，然后将谕祭文刻于碑上。所以，这样的石碑是极其高大、雕刻精细的，并且大都拥有皇权的标志。明代重臣的谕祭碑大都上部盖有碑楼，碑首浮雕有云龙纹图案，碑下有赑屃，碑身厚重高大，显示出墓主人的尊贵。

5.1.2　社会组织管理

（1）明代南京城四重城垣的建设

明初，朱元璋举全国之力营建"非古之金陵，亦非六朝之建邺"的南京都城，其中南京的四重城垣（宫城、皇城、京城、外郭的城墙）是都城建造的重点工程。

元至正二十六年（公元 1366 年），朱元璋命刘基等人在南京为其新宫占卜宫址。刘基所"卜"的新宫宫址位于钟山之阳的燕雀湖中。因此，新宫只能填湖平地而建。皇宫东面与南面原为起伏的土丘，因取土填湖始成平地，同时旧城拆除时的碎砖及泥土也被运至宫城位置作为填湖的材料。1367 年 1 月，朱元璋举行开工典礼，"集诸地师数万人"兴建新宫。宫城于当年 10 月建成。而后又有两次大的改建，最终于洪武二十六年（公元

1393年）完成了明初宫城的建造。宫城南北约0.76千米，东西约0.97千米。墙高9.6米，顶宽约6.8米，基厚约8米。宫城城墙以城砖为主，城门基座外侧为条石，条石以上部分均为城砖砌筑。宫城在湖底松软地段采用木桩密布夯筑而成的地基，密度为（9-11）根/平方米，木桩材质为杉木，直径16-28厘米，长度为3-6米。

自洪武元年（公元1368年）建成皇城正南门——洪武门后，洪武六年开始建造皇城城垣，并于洪武十年建成皇城各项主体工程，此后永乐三年（公元1405年）又有一次大的改建。皇城城墙长约10千米，墙高约6米。墙体以城砖为主，城门建材同宫城城门。据现今考古发现，皇城城墙基础是由一层碎砖加一层黄土夯筑而成，夯层有6层之多。

京城城墙的建造，始于元末直至洪武一朝，历经初建（公元1360—1372年）和加固扩建（公元1373—1398年）两个阶段。城墙长35 267米，所围面积41.07平方千米。城墙各段尺寸不一，外侧高度主要在12—20米之间，最高可达26米；城墙顶宽在3—18米之间。京城城墙初建阶段，参与城墙的营建人员全部为当地驻军。而明朝建立以后，由于京城城墙诸项工程繁多，筑造仅依靠当地驻军显得人力不足，因此自洪武三年，有部分"均工夫"的民夫参与了城墙建造。洪武六年，朱元璋开始对京城城墙进行加固扩建，工程更加繁重，此时参与筑城的人员除了军人、民夫、工匠之外，还有一定数量的囚犯，直至洪武十七年免除民夫参与南京筑城役作后，城墙的建造人数才大幅下降。

从洪武二十三年开始，为了加强南京城防，于京城外围开始修筑外郭城墙。外郭呈菱形，长约60千米，所围面积230平方千米。外郭充分利用南京外围的丘陵冈阜，并加以人工改造，墙体以土墙为主，而在城门附近以及一些重要地段采用城砖包筑墙体的形式。

南京四重城垣的建造，除需建造墙基和墙体外，还包括建造城墙内外的防排水设施、城门和城门上的城楼，及城墙外的护城河等工程。所用建材包括城砖、条石、片石、木材和石灰等，数量之多当属南京历史上用量最多的一项国家工程，而所用材料来源涉及当今江苏、安徽、江西、湖南、湖北、浙江、四川等省份。建造期间动辄征调民众上百万人，参建人员身份复杂，包括管理人员、军士、民夫、工匠和囚犯等。

（2）社会组织管理

城砖是南京城墙最主要的建筑用材，经初步估算全城约耗城砖上亿块。根据对城砖铭文的研究，南京城砖的烧造区域较广，基本以当时长江中下游水系相通的各府、州、县为征派烧制城砖地区，如此可方便城砖的长途运输。以明代的行省划分，参与城砖烧造的大致有直隶、湖广行省和江西行省的37府（直隶州）、162个县级单位，以及工部8个单位，军队系统26个单位，共计近200个署名单位（据《铭文天下——南京城墙砖文》）。

如此浩大工程的实施，离不开以朱元璋为首的君主集权统治和明王朝的社会组织管理制度建设。自始至终，朱元璋对南京城的营建工作非常重视，初期他还亲自前往工地视察，后因营建城池的管理机制逐渐完善，朱元璋亲往工地视察的次数也随之减少。与南京城营建相关的组织管理包括项目管理和组织架构的建立，及责任制、徭役制、标准制和奖罚制等制度的建立。

朱元璋设置了管理南京城营建的各级职官。该类官员负责建造人员和建材的组织、征调以及城墙规划、工程进度等各项管理工作，可具体分为驻京各级督造职官和外地负责采办各宗建材的提调官两类。负责南京城营建的最高主管部门最初是中书省下的营造司，洪武元年（公元1368年）八月，中书省始设吏、户、礼、兵、刑、工六部，而后归六部中的工部。

工部则是此后南京城墙营建中统筹管理的最高行政机构，其除了要对赴京的工匠进行管理外，还要对城墙建造中的许多技术性项目、工艺和建材调配等诸多方面负责。

在南京城的建设初期，朱元璋发现建城中的偷工减料情况非常严重，对工程质量十分不利。战国时期，秦国宰相吕不韦曾提出"物勒工名"的质量负责制，即将器物制造者的名字刻在所制造的器物上面，如后期发生质量问题，可溯源追责。于是，朱元璋在"物勒工名"的基础上开辟了更为严格的"九级责任制"，要求各地在烧制的城墙砖上都得印刻铭文，由此形成了府州级提调官、府州级司吏、县级提调官、县级司吏、总甲、甲首、小甲、窑匠、造砖人夫等九级责任制度。这是一个严密的质量监管体系。每一处工程都有制砖的窑匠、造砖夫与提供劳役的人户来承担质量上的直接责任，由基层组织的负责人（总甲、甲首）承担担保责任，并且监工的官吏也负有连带责任。一旦日后出现质量问题，一并追查相关责任，明朝因质量问题最高可处死刑。

洪武建元之初，由于南京城的营建工程繁重，急需增加参建的劳力。于是朱元璋制定了"计亩出夫"的制度，令中书省颁发了征调"均工夫"的服役办法，大规模向长江中下游地区征派夫役，这就是明代徭役制的雏形。"均工夫"规定以家中拥有的田地作为出役的依据，"一顷出丁夫一人"。而随着南京城建造进度的推进和"计田出夫"的赋役政策实施，就连寺院、庵观都要参役，无一例外。可见明初在南京城建设的人力动员过程中几乎是全面性的，而且是一视同仁的。

朱元璋为保证城墙砖的质量，对砖的标准也做出了严格规定：①城砖尺寸长40—45厘米，宽约20厘米，厚10—12厘米，大致符合4∶2∶1的规格。②制砖过程包括取土、浸泡、踩踏、澄浆、沉积、制坯、晾坯、装窑、烧窑、窨水、出窑、包装等十余道工序，每一道工序都需严格把关，如城砖的砖泥制作，需以"胶土盘晒细腻，托坯成造"，以防砖内"体质沙松"。③由官吏查验时，要求"敲之有声，断之无孔，方准发运"。

朱元璋出于对工程质量的重视，对建造有功和犯错人员实行了严格的奖罚制度。如洪武十二年（公元1379年），江西袁州府通判隋赟以当地盛产的高岭土为材料烧制城砖，砖体洁白如玉，质量过硬，被提拔为广东按察使，直接从正六品提拔为正三品。考古工作者在湖南岳阳考察明代南京城砖窑址——君山砖窑时发现，一块南京城墙砖上刻有的"总甲石继先"在当地确有其人，不仅有宗谱记载，而且因明初烧砖有功，官府将其出生地命名为"石继先"，并沿袭至今。洪武年间，职官犯罪屡禁不绝，犯罪名目繁多。朱元璋为杜绝职官以权谋私的现象，曾规定无论是工部，还是府、州、县的官员，抑或是差使，逃避工役、吏役等，一经发现，朝廷或杀或流放充军，而且录入《大诰》中，以为训诫，昭告天下。此外，马生龙在《凤凰台记事》中记载，"筑京城，用石灰、秫粥锢其外，上时出阅视，监掌者以丈尺分治。上任意指一处击视，皆纯白色，或稍杂泥壤，即筑筑者于垣中，斯金汤之固也"。

因此在以朱元璋为代表的君主集权统治下，上述管理和组织架构及各项制度获得了建立和有效执行，最终确保了南京城营建的工程质量和进度，使得南京城墙可以屹立600余年而不倒。

5.2 良渚王国的王权

5.2.1 良渚神徽和玉礼器系统

良渚王国是一个神权与王权紧密结合的社会。良渚先民创造了统一的信仰，统治者和首领通过对神权的控制达到对社会的统治，其表现方式是对神像的占有，以及在权杖设计和佩戴品上体现神的存在，从而实现神的代言人的目的；而玉以其美丽、坚韧和稀有等特性成为表现信仰与权力的主要载体。

（1）良渚神徽

神像是良渚玉器的灵魂。考察玉器上的纹样，神徽及其简化形态遍布良渚文化的各个时期，贯穿良渚文化发展的始终，是良渚玉器图案的母题。良渚早期玉器上的神徽纹样繁复、具体，形态多样，雕刻图案与器物形态的造形变化并重；而晚期则渐趋简化、抽象。该趋势变化表明早期主要以图案来表达神灵的意义，后逐渐被晚期日趋成熟规范定型化的玉礼器形态寓意所替代。

神灵是一种虚体的信仰。《山海经》中关于神的形象有"人面兽身""人面虎身""人面蛇身""人面鸟身"等种种变换不定的说法。从这些说法可以看到，人类心目中神的形象脱不开人自身形象的局限，又不能等同于人的样子。良渚神徽同样反映了这种特质，其上部是头戴羽冠的人的形象，中间是圆眼獠牙的猛兽面目，下部是飞禽的利爪。这显然是一个复合体，但也是一个整体（图5-7和图5-8）。针对神徽的雕琢，良渚先民主要采用了浅浮雕、阴刻与透雕等多种工艺手法，并往往将几种手法同时用于一件玉器上，以不同层次和角度的变换表现这一神灵的高深莫测。

当虚体的神灵与人类发生关系时，必然要借助于媒体的显现，某些特

图 5-7　神徽

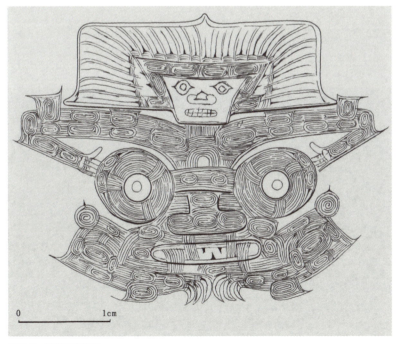

图 5-8　神徽图案线图

定的动物和巫师便充当了这种媒体，这也是巫教产生的根源。在良渚文化中，与这种神徽所代表的神灵崇拜关系最为密切的，应是那些扮演神灵的巫师。

（2）玉礼器系统

玉礼器与统一的神灵崇拜是良渚社会政权组织的主要手段和纽带。玉器造型的设计与纹饰的雕琢，也反映了良渚文化最高的艺术成就。围绕着神权、王权和军权，良渚先民设计了一整套标志身份的玉礼器，如玉琮象征神权，玉钺象征军权等。玉器用于标识拥有者的身份和地位，维系社会政权组织的有序运行。与礼仪系统相对应的是统一的神徽。许多良渚玉器上不仅雕刻有神徽图案，而且玉琮、冠状器、玉钺柄端饰等许多玉礼器的构形都与表现这一神徽有着直接的关系。这种信仰与政权的物化结合正是良渚作为神王之国的重要见证。

玉琮是神徽的主要载体，它的形态、起源和发展与神徽相关（图5-9）。玉琮上的神徽，一般为每件对称施刻的四组相同图案，有单层和多层之分，

图5-9　玉琮

上下呈竖直堆叠方式；在相邻两组图案之间隔以竖槽和横向分节槽，这种槽在造型上也构成了良渚玉琮的一个特点。早期的圆形玉琮，是在圆筒形的外周浮凸四个兽面图案，后期为了使神徽立体化，逐渐沿鼻线加高，最终形成了玉琮外方内圆的形式。从对神徽的细微刻画，到玉琮外方内圆神柱形式的形成，玉琮逐渐成为刻画于其上神灵形象的象征。所以在许多装饰品与实用器上，又衍生出仿琮形的玉器，如琮式玉管、琮式玉锥形器等，这些都是从玉琮象征意义中衍化出的对神徽的表现形式。

玉璧是一种中央穿孔的扁平状圆形玉器，体现了贵族对财富的占有，是良渚玉礼器系统中的大型器物（图 5-10）。玉璧在当时应是作为"以玉事神"意义上的一种祭品，大多通体素面，良渚晚期极少数玉璧上还加刻了以鸟立高台为主题的图符。

钺是良渚先民的武器，在贵族手中则象征着军权（图 5-11）。玉钺出土于高等级墓葬中，就浙北地区而言，每墓只有一件，而随葬石钺的数量可多达数十把，甚至上百把。反山王陵 M12 出土的玉钺不仅形体宽大，而且在钺的两面各雕琢有一个完整的神徽和鸟的图案，被称为"玉钺王"。高等级玉钺的钺柄两端装有玉质的瑁和镦，钺柄顶端的玉饰侧视如同一艘船的剪影。这种造型的设计是将神徽的羽冠以鼻线为中轴，对折起来的一种表现手法，目的是适应钺的安柄方式（图 5-12）。玉钺上刻有神徽，及将神冠加在权杖上面，那么军权与王权也便被赋予了神的意志。

加有两端装饰的玉钺权杖整体形式与甲骨文中的"戉"字十分一致，是"戉"象形字的直接取象来源。林沄先生于 1965 年发表论文论证了"戉"与王在造字上的关系，证明王字是戉字的假借字（王字在甲骨文与金文之中，便象斧钺之形，表现的是刃口朝下的钺的形态，图 5-13）。《史记·殷本纪》描写商汤在伐夏时，写到"汤自把钺以伐昆吾，遂伐桀"。《史记·周本纪》描写周武王伐商时，也写到"武王左杖黄钺，右秉白旄，以麾"。从对良渚玉钺权杖的设计分析，可对王字造字本意的理解里又多出一层新

图 5-10 玉璧

图 5-11　刻有神徽的玉钺

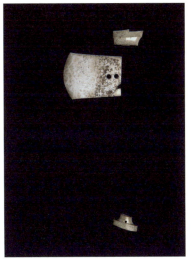

图 5-12　反山 M14 玉钺组合

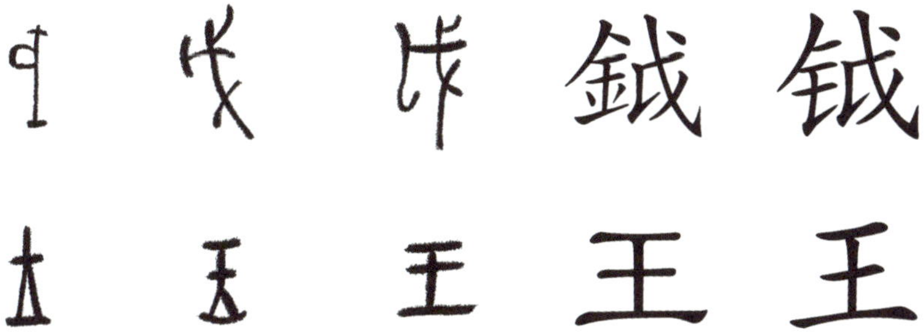

图 5-13　甲骨文戉与王的造字关系

的含义，即"戉"和"王"不仅象征着军权和王权，同时也包含了神权，这种君权神授的理念自其产生之后，便影响了中国几千年。

　　玉冠状器是良渚玉器中较为多见的一种（图5-14），呈形体扁薄的倒梯形，上端中间往往有凸起的尖，下端修成扁榫状，并有许多小孔，便于固定。其整体形态与完整神徽的弓形帽子十分相像，因此称之为冠状器。1999年，考古工作者在浙江海盐周家浜遗址的发掘中，发现了与象牙梳连在一起的冠状器，才明确了它是插在墓主人发髻上的一种头饰。从冠状器的随葬情况看，拥有这种头饰的人一般具有较高的地位。在反山和瑶山等高等级墓地中，每座墓都有一件冠状器，而在中等级墓地中，只有地位较高的墓葬才会有冠状器。这反映了该种头饰在标明身份中的重要性和不可或缺的地位。将神冠戴在巫师和首领的头上，那么巫师和首领便成为神的化身，这是良渚文化神权统治的一种表现。

　　三叉形器是良渚古城地区男性高等级墓葬专用的随葬品，位于墓主人头部的上方，是男性首领头冠上的一种装饰（图5-15）。有施刻神徽纹饰和素面两种，其外缘轮廓一般为圆弧形，上有三个分叉，中间的叉往往略短。三叉上一般都有钻孔，中叉的孔为上下贯通的竖孔，两边叉上或为竖孔，或为牛鼻状隧孔。出土时中叉相对处往往有玉管相接，是贯穿于一起使用的。

　　锥形器是良渚大墓中较多见的玉器，其横截面有方、圆两种，以素面者居多，少数琢有神徽图案（图5-16）。截面为方者，即琮式锥形器，呈四面式，中间有隔槽。截面为圆者，其上的纹饰则一般为两面式。无论长短方圆，其上端均做成尖状，下端一般做成短榫状，并往往有细小的横孔。从所有施纹处考察，均以尖端朝上为正。从随葬情况看，比较明确的使用方式有两种。一种方式是成束地放于死者头部，尖端朝上；推测其功用可能为冠帽上的装饰，与男性首领的身份有关。另一种方式是单件位于死者腰侧，尖端也朝向头部；可能为墓主人手中所持的某种杆状物前端的镶嵌。

图 5-14 玉冠状器

图 5-15 玉三叉形器

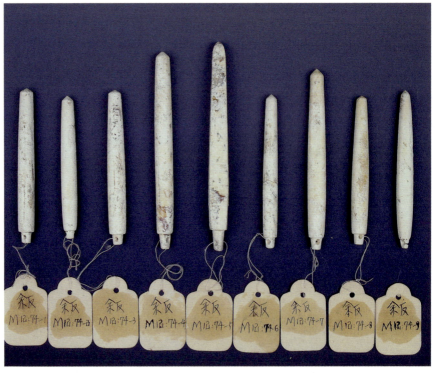

图 5-16　玉锥形器

鉴于锥形器随葬情况的普遍性和固定性，锥形器应是具有固定象征意义和功能、身份代表的礼器。

玉璜是从马家浜文化晚期即开始出现的一种玉器，从崧泽文化发展至良渚文化，逐渐明确为表示贵族女性身份的主要装饰品。良渚文化的玉璜，一般为半璧形，部分玉璜上雕刻有神徽的简化图案，表明这一玉器也统一纳入了以神徽崇拜为核心的玉礼器系统之中（图 5-17）。

玉带钩（图 5-18）一般出土于墓主人腰腹部，形制明确，目前仅在反山 M14 出土的带钩上发现有神徽图案，可见巫师和首领的装饰和实用器，也被赋予了神性。

帝都王城・第5章 王权等级、组织管理

图 5-17　玉璜

图 5-18　玉带钩

（3）一般礼仪性玉器

目前较为明确的一般礼仪性玉器主要有玉纺轮、玉织具、玉镰刀和玉刀等。从出土墓主人的身份、地位及用具制作的精美程度分析，该类玉器或不是出于生产目的，而是作为礼仪性用具。

玉纺轮（图5-19）目前完全可以确认的是瑶山M11出土的带杆玉纺轮，其纺轮的形制为扁圆台体，中间有一较细的穿孔。玉织具（图5-20）只有反山M23所出的三组八件一套，据论证为"卷布轴、机刀、分经器"。

玉刀和玉镰刀（图5-21和5-22）是近年来才被考古发掘所认知的玉器。虽然在20世纪90年代，台北故宫博物院即收藏了一件玉刀，但由于在考古发掘中一直未见实证，因此受到许多研究者的怀疑，直到2004年在桐乡姚家山遗址中第一次发现了玉刀及玉镰刀，才确认了它们作为礼仪性用具的可靠性。

除了上述祭祀用法器和象征身份的礼器之外，良渚社会还有一些光素无纹的管、珠及玉镯（图5-23、图5-24）等一般装饰性玉器。管、珠在大墓中常作为嵌于有机质物品上的玉粒，以及杖端饰的复合玉件，同时也是良渚小墓中常见的一种饰品。

图5-19　玉纺轮

图 5-20　玉织具

图 5-21　玉刀

图 5-22 玉镰刀

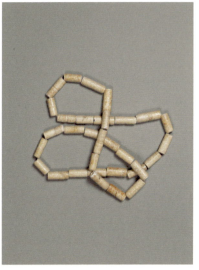

图 5-23 玉管饰

图 5-24 玉镯

5.2.2 等级墓葬和聚落分化

（1）等级墓葬

从良渚墓葬的发掘结果可知，良渚社会存在着明显悬殊的等级与职能差异，已形成金字塔式的社会层级。这些差异主要表现在墓地形制、墓坑规模、葬具配备以及随葬品的种类与多寡等几个方面。据目前材料，良渚社会大致可分为三个主要的等级。

第一等级主要以浙江余杭的反山、瑶山、汇观山，江苏武进的寺墩，无锡邱承墩，上海青浦的福泉山等为代表，其中反山和瑶山两处的墓地保存较好，最具代表性（图5-25）。该等级的墓地以人工堆筑的大型土台

图5-25 良渚文化第一等级墓葬（反山M12、寺墩M3）

或祭祀址为选地；墓坑大而深，一般长约 3 米，宽约 2 米，深约 1 米；有一重或两重的棺椁葬具；随葬品除鼎、豆、壶、罐等基本陶器组合外，以玉礼器为主，主要有琮、璧、钺、冠状器、三叉形器、锥形器和璜等。从反山和瑶山两处墓地的排列情况看，南北两排墓葬表现出明显的职能分工区别，而两排都以居中的墓葬规格较高，两侧渐低的方式排列，似乎是生前位次的一种反映。

反山、瑶山的两处墓地均只有十余座墓葬，等级规格较为统一，年代跨度不大且排列有序。这些情况反映了这个等级的墓葬，已超出了氏族家族式墓地的范畴，而是一种单纯的方国统领集团的墓地。如果以这些墓地作为良渚王国的中心，那么反山、瑶山与寺墩、福泉山的关系，反映出在良渚文化的范围内，存在着不同地域的中心，而这些中心之间应该有一种联盟式的关系存在。

第二等级主要以浙江海宁的荷叶地、余墩庙，桐乡的普安桥、新地里，平湖的庄桥坟，余杭的文家山，上海金山的亭林，江苏昆山的赵陵山等为代表。第二等级的墓葬主要埋在人工堆筑的专门墓地或小型的祭祀土台上。其墓地中既有少数以玉礼器随葬的大墓，又有不随葬玉礼器的普通墓葬以及儿童墓等。墓地中一般有几十座或者上百座墓。

大墓的墓坑规模与第一等级的墓葬相似，一般也有宽大的葬具，但随葬玉器的数量要远远少于第一等级墓葬；一个墓地中往往可见琮、璧、钺、冠状器、三叉形器、锥形器和璜等种类齐全的玉礼器，但每一座墓葬的玉礼器组合往往不完备，且多素面无纹，仅极少数玉琮琢刻有简化的神人兽面纹；在随葬玉礼器的同时，还常常随葬有石犁、石锛、石镰、石刀等生产工具（图 5-26）。这表明这些墓主人的身份与第一等级纯粹的祭司统领集团有所不同，他们在做首领和巫师的同时，仍旧是氏族的一员，从事生产劳动。这些现象表明，第二等级的集团，应是以氏族或家族为单元的。

图 5-26 良渚文化第二等级墓葬（文家山 M1、吴家场墓地 M204）

良渚墓葬

第三等级以散见于一般遗址或有集中墓地的普通小墓为代表，与第二等级往往共处于同一墓地。主要有浙江平湖的庄桥坟，桐乡的新地里，海宁的千金角、徐步桥，余杭的庙前与卞家山，江苏吴江的龙南，苏州的越城，上海的马桥，松江的广富林等。这些小墓多葬于居址附近；墓坑一般浅而小，长度一般在2米左右，宽1米左右；随葬品主要有鼎、豆、壶、罐等陶器，以及石钺、石镰、石刀、石锛等生产工具；其中约半数墓葬随葬有管、珠、坠等小件玉器（图5-27）。墓地规模从十余座到数十座不等，同一墓地中的墓葬一般没有明显的等级差异，这些墓葬应属于良渚社会的基础大众阶层。

除上述三个等级之外，在上海的福泉山，江苏新沂的花厅、昆山的赵陵山等遗址中，还见有无任何随葬品处于从属地位的墓葬。这些墓葬数量较少，虽然不构成明确的等级阶层，但他们的地位却显然更为低下。此外，良渚文化地区间和等级内部也存在一定差异，细致的等级划分尚待将来进一步研究。

（2）聚落分化

目前，环太湖流域共发现良渚文化遗址600余处。在良渚古城以外，形成多处聚落群和等级低于良渚古城的区域中心，其中遗址分布最集中的区域有三处：太湖东南部的嘉兴地区、太湖东部的苏南—沪西地区、太湖北部的常州地区。这三处遗址群都发现等级比较高的遗址，如太湖北部的寺墩遗址，太湖东部的福泉山、草鞋山遗址，太湖东南部的姚家山、荷叶地等遗址。这些遗址都是人工营建的大型土台，其上均发现有随葬玉琮、玉璧、玉钺的良渚权贵墓葬。可见良渚文化的聚落分化明显，在高等级聚落中心周围通常凝聚着数量众多的面积从数千到数万平方米不等的中小型村落遗址。

图 5-27 良渚文化第三等级墓葬（卞家山 M61）

良渚聚落

陈明辉先生指出环太湖区域同时期良渚文化遗址群之间存在四级聚落结构：都城（面积超过300万平方米，仅良渚古城）、城（面积数十万至百万平方米，如寺墩、福泉山）、镇（面积十余万平方米，如赵陵山）、村（面积数千至数万平方米，如庙前）（图5-28）。

严文明先生曾在2016年良渚文化发现八十周年学术研讨会上表示："假若良渚是一个国都的话，那些（指福泉山、寺墩等）就是各个州郡所在地，这就是一个很像样的广域王权国家了。"赵辉先生也认为良渚是以良渚古城为中心，"中央"联系着各个"地方"中心的"地域国家"。

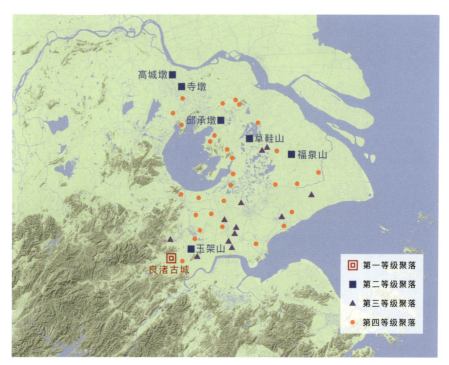

图5-28 良渚文化等级聚落分布示意图

5.2.3 社会组织管理

莫角山宫殿区及其他城内台地、城墙、外郭、外围水利系统、郊区部分遗址均为人工堆筑而成,是典型的土筑文明,工程极为浩大。据不完全统计,整个古城及外围水利系统的土石方总量达1 005万立方米(表5-4),这无疑是距今5 000年左右世界上工程量最大、难度最高的建筑工程。

目前,这些高地上的建筑尚没有可靠的资料,所以房屋宫殿建筑的木材采运、加工、建造所需的工程量还无法估算。仅其1 005万立方米的土石方量,假设参与建设的人数为1万人,每三人一天完成一方,每年工作日算足365天,需要连续工作约8.3年。实际上,在当时的生产力条件下,不间断地集中大量劳力专门从事古城的建设,其后勤压力之大是难以想象的。更大的可能是采取中国古代兴修水利工程的传统办法,即利用冬春农闲时间间断完成。如此这些劳动力所需要的工具制作、口粮给养等,可由他们在农忙季节获取,不需要额外的储备;同时本地区雨季并不适合工程

表5-4 古城系统土石方工程量　　　　　　　　　　　　　　　　单位:万立方米

系统	土方	石方	总量	合计
莫角山	228		228	
城内高地	281		281	
城墙	110	10	120	1 005
外郭	88		88	
水利系统	288		288	

建设。如果以每年农闲时间参与古城建设 100 个工作日计算，则 1 万人完成上述土石方的时间约需 30 年。

修建这么一个庞大的工程，不仅存在工程规划、设计、材料采集运输制作及工程实施建造等一系列工序问题，而且需要相当的组织管理能力，需要具备一种区域性国家层面的公权力予以支撑。简而言之，这些工程所用人力、物力、财力需要高度集权和复杂的社会组织才能完成，而良渚社会已经具备了这样的能力，这无疑是良渚文化进入国家社会的重要标志。

5.3　小结

　　本章对大明帝国的礼制和良渚文明的玉礼器等进行了介绍，良渚藏礼于器，大明礼制严格，两者皆建立了等级森严的社会秩序，保证了社会政权组织的有效运行。此外，基于南京帝都和良渚王城的大型工程建设，从另一方面证明了大明帝国与良渚王国的经济实力和社会组织管理能力。

玉琮

第6章 古都双璧、文化遗产

南京帝都与良渚古城两座古都,跨越数千年时光,遥相辉映,都是中国不可多得的文化遗产。2019年7月,良渚古城已被列入世界文化遗产。南京则领衔国内14座城市,以"中国明清城墙"为题联合申报世界文化遗产。

6.1 良渚古城申遗列入理由

良渚古城遗址（公元前 3300—2300 年）是中国长江下游环太湖地区的一个区域性早期国家权力与信仰中心所在，位于中国东南长江三角洲地区的天目山东端山前河网平原，隶属浙江省杭州市余杭区。

提名遗产由 4 个片区组成：瑶山遗址区、谷口高坝区、平原低坝—山前长堤区和城址区。这 4 处片区虽然拥有相对独立的申报区范围，但对于遗产的整体价值而言，它们之间存在着不可分割的社会与文化关联性，且分布范围仅限于 100 平方千米左右，可被同一个缓冲区完整包含，是一处内在整体性很强的系列遗产。

良渚古城作为良渚文化的权力与信仰中心，以建造于公元前 3300—2300 年间的规模宏大的城址、功能复杂的外围水利系统、分等级墓地（含祭坛）等一系列相关遗址，以及以具有信仰与制度象征的系列玉器为主的出土物，揭示了中国新石器时代晚期在长江下游环太湖地区曾经存在过一个以稻作农业为经济支撑的、出现明显社会分化和具有统一信仰的区域性早期国家，并以其时间早、成就高、内容丰富而展现出长江流域对中华文明起源阶段"多元一体"特征所做出的杰出贡献。提名地在古城空间形制上展现出的向心式三重结构——宫殿区、内城与外城，成为中国古代城市规划中进行社会等级的"秩序"建设、凸显权力中心象征意义的典型手法，揭示出长江流域早期国家城市文明所创造的规划特征，并在中国古代礼制社会的都城规划中多次出现；同时，提名地所展现的"水城"规划格局与营造技术，反映了人们在湿地环境中创造的城市和建筑特色景观，特别是作为城市的水资源管理工程，外围水利系统在工程的规模、设计与建造技术方面也展现出世界同期罕见的科学水平，展现了 5 000 年前中华文明，乃至东亚地区史前稻作文明发展的极高成就，在人类文明发展史上堪称早期城市文明的杰出范例。

良渚古城遗址符合《实施保护世界文化与自然遗产公约的操作指南》列入《世界遗产名录》的第（Ⅲ）和（Ⅳ）条标准。其中符合标准（Ⅲ）：能为延续至今或业已消逝的文明或文化传统提供独特的或至少是特殊的见证；符合标准（Ⅳ）：是一种建筑、建筑整体、技术整体及景观的杰出范例，展现人类历史上一个(或几个)重要阶段。

2019年7月6日，联合国教科文组织第43届世界遗产委员会会议通过决议，将良渚古城遗址列入《世界遗产名录》。良渚古城遗址真实、完整地保存至今，可实证距今5 000年前中国长江流域史前社会稻作农业发展的高度成就，可填补《世界遗产名录》东亚地区新石器时代城市考古遗址的空缺，为中国5 000年文明史提供独特的见证。

6.2　南京城墙申遗列入理由

由南京城墙牵头的"中国明清城墙"申报世界文化遗产至今已历时十多年了。2006年，南京城墙、西安城墙和兴城城墙等3座"明清城墙"联合申遗项目，被列入国家文物局公布的《中国世界文化遗产预备名单》。随后，该项目成员不断扩容，至2012年，"中国明清城墙"联合申遗项目已扩至6省8城，增加了临海台州城墙、寿县城墙、凤阳明中都城墙、荆州城墙、襄阳城墙。此后，又有6座城市城墙申请加入"中国明清城墙"联合申遗名单，包括正定城墙、开封城墙、长汀城墙、肇庆城墙、宣化城墙、歙县城墙。目前，"中国明清城墙"申遗各项工作正在努力向前推进中。

6.2.1　简要综述

（1）事实性信息概述

"中国明清城墙"是指最终建成于中国明清时代（公元1368—1911年），现分布于江苏、陕西、辽宁、湖北、浙江、安徽、河北、河南、福建、广东的兼具行政权力象征、城市安全防御、城市空间规划、抗洪防灾等多种功能的体系性构筑物，包括南京城墙、西安城墙、兴城城墙、临海台州城墙、寿县城墙、凤阳明中都城墙、荆州城墙、襄阳城墙、正定城墙、开封城墙、长汀城墙、肇庆城墙、宣化城墙和歙县城墙。

中国早在6 000多年前就产生了土筑的城墙。此后，经过夏商周至隋唐、宋元时期的不断演进，及至明代，中国城墙的功能系统与建造技术达到巅峰，成为东亚地区城防设施建设与城防系统建构的代表。"中国明清城墙"所体现的进步突出表现为：①城墙建筑技术高度成熟。地基处理使用挖基深夯、挖基叠石、垂直"地钉法"、平置"沉筏法"等多种技法，确保地表高大墙体数百年来不下沉和倾倒。在墙体构筑方法方面，虽然北方地区仍用传统夯土技术，但所有城墙外立面都为包砖；南方出现了全砖石砌筑的城墙。同时，城砖烧造技术、城砖砌筑黏结技术、城墙表面防渗漏技术、城墙内外水道沟通技术等发展成熟，使中国城墙建筑技术发展到了历史的最高峰。②砖构拱券式城门普遍出现，延续数千年的过梁式城门彻底退出历史舞台。③都城出现四重城垣之制，从外到内为都城墙、京师城墙、皇城城墙、宫城城墙。④城墙除本体之外，与城墙军事防御功能直接相关的瓮城、月城、马面、藏兵洞、箭楼等所有体制全面成熟，甚至出现双瓮城、三瓮城之制。⑤城墙平面规划设计针对中央集权体制国家的礼治秩序要求及不同地域的地理条件和文化传统，结合风水堪舆学说，追求人地和谐，形成了北方城墙规整型和南方城墙自由型两种主要形态，展现了中国明清城墙既统一又多样的设计思想及其规制表现形态。⑥多达上亿块的手工制作城砖砖文（以南京明城墙等为代表），反映出政府组织百万民众参与城墙工程建筑时所建构的质量保障体系，砖铭上普遍出现烧制工匠及督造官的姓名，把中国古代"物勒工名"制度即"质量追溯制"或"责任到人制"发展到了极点。

总之，明清城墙是对中国古代筑城技术和思想的总结、继承和发展，代表着中国城墙发展的巅峰和最后的辉煌。从独立的城墙军事防御体系建构而言，高大坚厚的墙体以及雉堞、马面、城门、瓮城、月城、马道、敌楼、角楼、箭楼（镝楼）、城楼、闸楼、藏兵洞、水门等城墙上的各类军事设施均已成熟定型，成为城墙的固定构造内容。

"中国明清城墙"各提名地分布在中国的南方与北方，它们分别代表了明清时期的都城、府城或州城、卫所（县城）、皇城等城市体制。它们的总体规模、城墙尺度、用砖规格、城门结构等都具有各自的特色与规范。同时，它们还展现出在不同的地理背景下构建的两类不同的城墙模式：中国南方城墙因山水形势而建，因此平面布局不求规整；北方的城墙则追求平面规整划一。南、北方城墙形态既体现出内在的逻辑性和统一性，又在不同的地域系统中呈现出不同特征和蕴含的儒、道两种不同的筑城指导思想，是城市文化多样性的杰出代表。

（2）价值概述

围合在城市四周的城墙，是中国古代国家文明和城市文明的核心要素。"中国明清城墙"代表着中国6 000多年城墙建筑历史的最后辉煌和最高水平，它在平面设计、墙体安全防御系统设计、人地关系处理、建筑用材、建造技术、多样性结构、中央集权国家治理体系下的城市礼制差序格局建构等方面皆为集大成之作。它集风水堪舆、军事防御、城市政治地位及规模、城市内外交通引导和控制、建筑工程、城市防洪等各种功能于一体，展现了极其丰厚的文化内涵和独特价值，是中国城墙乃至城市设计思想与建造技术的工程杰作与文化结晶。

"中国明清城墙"作为具有内在逻辑架构关系和功能结构的遗产体系，展现了与当时中国政治架构与文明特征的高度统一。它承载着中国 6 000 年的城墙建造技艺文脉和 5 000 年的城市文明核心价值；代表着古代中国作为东方中央集权制统一国家所拥有的由不同级别及规模的城墙而构成的城市礼制系统；是冷兵器时代各种军事防御设施及功能的最终集合体和最后的绝响；也是以风水堪舆学说为设计原理，将巨大的城市人工构筑体与所在地域的山水形胜有机结合的智慧见证，同时还蕴含着中国南北方不同区域在构筑城墙乃至通过城墙而规范城市宏观格局时所秉持的来自儒家和道家的不同美学思想。申报的对象又都生存于现代城市的建成区之中，是传统城市文明遗产与现代城市文明能够互相对比、传承发展、和谐共生的典范。同时，在城市化和全球化的冲击下，这些硕果仅存的城墙遗产变得极易损坏，将其列入世界遗产，有助于保存这种特定历史时期和民族创造的杰出文化范例。

6.2.2 对应标准的列入理由

"中国明清城墙"符合《实施保护世界文化与自然遗产公约的操作指南》列入世界遗产的第（Ⅲ）、（Ⅳ）和（Ⅴ）条标准。

符合标准（Ⅲ）：能为延续至今或业已消逝的文明或文化传统提供独特的或至少是特殊的见证。

"中国明清城墙"是中国古代国家以城市为行政治理中心的核心文明要素，是在古代中央集权体制和儒家文化色彩的治理方式下形成的带有礼制差序格局特征的城市体系的实体见证，也是由不同级别城市之城墙遗存所共同构成的带有强烈中国古代城市形态特点与具有内在逻辑架构关系的传统城市遗产体系，反映了中国明清时期不同行政级别的城市在城墙文化方面的时、空、结构上的彼此关联性、发展有机性和内在统一性，是已经消逝的曾经传承数千年的中国古代以城墙规模及格局为代表的帝国城市治理系统的最特殊表征和唯一的见证。

明清两朝是中国冷兵器时代的最后一个时期，随着1911年帝制的结束，这个时代最为重要的城防建筑物——中国明清城墙，成为中国延续达6 000多年的城墙建设工程和5 000年城市文明标志物的最后终结。

由南京、西安、兴城、临海、寿县、凤阳、荆州、襄阳、正定、开封、长汀、肇庆、宣化、歙县14座城墙遗产联合申报的"中国明清城墙"代表着不同级别的城市，因而在长度、规模、墙体体量等方面呈现出礼制性差序格局，大体形成了都城、府城或州城、卫城（县城）等不同级别关系，城墙体现的差序格局的制度，代表着中国中央集权行政治理体制的特殊要求，也反映了中国古代文明的礼制秩序及规范特点，传承着极其悠久的文化传统，中国明清城墙从而成为这种制度和传统的最典型见证，即它们完整地构建了明清两代长达500多年时间范围内的不同城市级别、不同地域范围却具有内在逻辑性的中国城市制度系统和城墙军事防御系统。提名项目具有高度的内在关联性，在总体规模、城墙尺度、用砖规格、城门结构等方面共同构成了一种文明特征或礼制规范，是一种带有强烈的中国古代中央集权国家治理秩序特征和城市文明形态特征，又具有内在社会逻辑架构关系的城市遗产体系。

明清两代曾建造过2 000座以上带有城墙的城市，但迄今依旧比较完好保存下来的城墙不足20座。因此，现存的中国明清城墙是已经消逝的中国古代国家治理秩序和城市文明核心要素即城防建筑工程体系的特殊见证。

符合标准（Ⅳ）：是一种建筑、建筑整体、技术整体及景观的杰出范例，展现人类历史上一个(或几个)重要阶段。

"中国明清城墙"是对中国历代城墙营造技术的传承、升华与总结，是中国北方传统夯土版筑城技术与南方传统砖石筑城技术的有机结合，其在城墙整体设计、城市军事防御技术设计、地基的技术处理、建筑材料的选用、砌筑的技术、墙体与河道的关系处理、城门的设计构筑等诸多工程项目上，体现出当年建造者的精湛技艺和独具匠心，是中国筑城技术史上具有代表性的杰出范例，展现了中国筑城技术体系和城墙景观塑造方面最重要的发展阶段。"中国明清城墙"在规划建造过程中还将风水堪舆学说与城墙选址巧妙结合，使城墙筑造与自然环境融为一体，展现出了先民们在不同的地理背景下构建的两类不同的城墙模式和思想传统。提名遗产中的北方城墙追求平面规整划一，中轴对称；南方城墙因自然山水形势而布局，平面规划则不求规整。它们分别代表着中国不同区域所采用的来自儒家和道家的不同筑城思想及其所蕴含的美学价值，是中国筑城史上的杰出范例，共同代表了人居之城与自然背景和谐共生的事实。

中国城墙起源于约 6 000 年前就产生的土筑城墙，后经夏商周至隋唐宋元的持续发展，到明清时期，中国城墙的功能系统与建造技术达到巅峰，成为东亚地区城防设施建设与城防系统建构的代表。

"中国明清城墙"以巨大的规模和有序的布局构造出了恢宏的城市景观，其高大坚固的墙体、宽阔的护城河、复杂的防御体系设计及相关工程技艺、体型雄伟而灵巧优美的城楼和角楼及箭楼、构思精巧与工艺精湛相结合的水关及涵闸等城防水利设施反映了一系列的工程成就。北方城墙与南方城墙、平原之城与山地之城的不同城墙设计；都城、王城或府城、州城、县城以及军镇、卫所等不同城墙体制格局和整体礼制秩序体系的确定；冷兵器时代技术与艺术的完美融合等，都凝聚了当时政治家、军事家、天文学家、建筑师、风水师和工匠们的才智，是 14 世纪至 17 世纪最伟大的城市建筑工程遗产和军事遗产。

符合标准（Ⅴ）：是传统人类居住地、土地使用或海洋开发的杰出范例，代表一种（或几种）文化或人类与环境的相互作用，特别是当它面临不可逆变化的影响而变得脆弱。

据《中国明清城墙·绪论》，以南京城墙为代表的中国明清城墙体现了 14—20 世纪东亚城墙选址时所遵循的与自然和谐与共生的普遍原则。这种普遍原则可以从两个方面体现。

（1）风水指导的城墙选址

风水又称堪舆，是研究天道、地道之间，特别是地形高下之间的学问，它是以当时有机论自然观为基础，把当时天文、气候、大地、水文、生态环境等内容引进选择地址、布建环境的艺术之中。风水是中国古代城址选择的总体原则。

南京城墙是"中国明清城墙"风水环境规划的典型范本。南京城墙以中国传统的堪舆学说为依据，在城墙及城市选址方面，南京四周被丘陵大山与江河湖泊环绕，北面有狮子山、幕府山，为"镇山"，可以抵挡来自北面的冷风；东、西两面有钟山和清凉山，为"砂山"，即护卫城市的"青龙"与"白虎"；南面有水流，即秦淮河水系，南面还有聚宝山连石子岗，为"朝案"，整个地形完全符合"山环水抱"之势，故风水形势极佳。

（2）因地制宜的城墙建设

当城址位于北方平原地区时，自然的阻碍相对较少，这时可以按照中国儒家的传统礼制营建方正类型的城池。当城址位于南方山地时，由于条件所限，同时为了增强城池的军事防御能力，便依山傍水建设城墙，形成了不拘一格的自然类型城池。一旦城市面积足够大，可以完美地实现儒家礼制与军事防御功能的结合时，方正加自然类型城池便应运而生。

如南京城墙，其宫城符合儒家方正的城池形态，而围绕其外的京城城墙则最大程度地利用了自然湖泊、山体，形成了不规则的城池形态。而这种不规则，恰恰实现了城墙军事防御功能的最大化。总之，南京城的建设体现了因地制宜、善于创新和改革的精神。

玉冠状器

主要参考文献

[1] 朱偰. 金陵古迹图考[M]. 北京：中华书局，2006.

[2] 石尚群，潘凤英，缪本正. 南京市区古河道初步研究[J]. 南京师大学报（自然科学版），1990(3)：74-79.

[3] 吴永新，王建中，朱立俊. 长江南京河段治理理论与实践研究[M]. 南京：河海大学出版社，2016.

[4] 贺云翱. 六朝瓦当与六朝都城[M]. 北京：文物出版社，2005.

[5] 杨国庆，王志高. 南京城墙志[M]. 南京：凤凰出版社，2008.

[6] 许嵩. 建康实录[M]. 北京：中华书局，1986.

[7] 顾起元. 客座赘语[M]. 上海：上海古籍出版社，2012.

[8] 薛冰. 南京城市史[M]. 南京：东南大学出版社，2015.

[9] 权伟. 明初南京山水形势与城市建设互动关系研究[D]. 西安：陕西师范大学，2007.

[10] 周应合. 景定建康志[M]. 宋元方志丛刊本. 北京：中华书局，1990.

[11] 浙江省文物考古研究所. 良渚古城综合研究报告[M]. 北京：文物出版社，2019.

[12] 孟凡人. 明朝都城[M]. 南京：南京出版社，2013.

[13] 李东阳. 大明会典[M]. 扬州：广陵书社，2007.

[14] 李诫. 营造法式[M]. 北京：人民出版社，2006.

[15] 南京市地方志编纂委员会. 南京水利志[M]. 深圳：海天出版社，1994.

[16] 南京市地方志编纂委员会. 南京市政建设志[M]. 深圳：海天出版社，1994.

[17] 葛全胜，方修琦，郑景云. 中国历史时期气候变化影响及其应对的启示[J]. 地球科学进展，2014，29(1)：23-29.

[18] 张廷玉. 明史[M]. 北京：中华书局，1974.

[19] 刘治云，祁金刚，江卫华，等. 武汉江夏庙山明代官置砖窑调查发掘简报[J]. 江汉考古，2016(6)：29-33.

[20] 郭胜斌，罗仁林，胡铁南，等．湖南省岳阳市郊君山明代南京城墙砖官窑遗址金鸡垄窑群调查发掘简报[J]．湖南省博物馆馆刊，2011(10)：115-120.

[21] 南京城墙保护管理中心．南京城墙砖官窑遗址研究[M]．南京：南京出版社，2019.

[22] 南京市地方志编纂委员会，南京文物志编纂委员会．南京文物志[M]．北京：方志出版社，1997.

[23] 礼部．洪武京城图志[M]．南京：南京出版社，2006.

[24] 余怀．板桥杂记[M]．上海：上海古籍出版社，2000.

[25] 喜龙仁．北京的城墙和城门[M]．林稚晖，译．北京：新星出版社，2018.

[26] 茅元仪．武备志[M]．北京：国家图书馆出版社，2013.

[27] 甘熙．白下琐言[M]．南京：南京出版社，2007.

[28] 宋应星．天工开物[M]．上海：商务印书馆，1954.

[29] 杨宽．中国古代都城制度史研究[M]．上海：上海古籍出版社，1993.

[30] 蒋赞初．南京史话[M]．南京：江苏人民出版社，1980.

[31] 曾余瑶，张秉坚，梁晓林．传统建筑泥灰类加固材料的性能研究与机理探讨[J]．文物保护与考古科学，2008，20(2)：1-7.

[32] 陈规，汤璹．守城录[M]．北京：中华书局，1985.

[33] 中央研究院历史语言研究所．明实录[M]．上海：上海书店出版社，1984.

[34] 王宁远，董传万，许红根．良渚古城城墙铺垫石研究报告[M]．杭州：浙江古籍出版社，2018.

[35] 赵克生．明代国家礼制与社会生活[M]．北京：中华书局，2012.

[36] 陈明辉．良渚时代的中国与世界[M]．杭州：浙江大学出版社，2019.

[37] 郑孝清．中国明清城墙[M]．南京：南京出版社，2020.

玉管

后记

良渚古城是中华文明五千年的实证，是中国城市文明起源和早期国家形成的重要标志，良渚古城墙结构完备、规划合理、工程浩大，为中国史前都邑城墙的典范。明南京城是中国千年城市史的集大成之作，是凝聚中华文明千年筑城思想与建城技术的盛世之城，南京明城墙规模宏大、气势雄伟、举世无双，是中国古代城墙发展的巅峰。

这两座城，一座是城墙之源起，一座是城墙集大成者，有着各自时代特点的同时也有着深刻的联系。良渚古城建在湿地平原之上，其主要功能是供良渚人居住，而南京城墙的主要功能为军事防御，有"高坚甲于海内"之美誉。两城也具有一定的相似性，如皆为多重结构，布置于山环水抱之间，崇尚居中对称的同时又顺应自然山水；两城也都是同时期最大的城市，规模庞大、宫殿巍峨、用材考究，无处不在地体现着帝都王城的权威与强盛，同时又具有因地制宜的工艺、精巧的设计、卓越的质量，彰显出灵活与智慧。

南京帝都与良渚王城，双城辉映，光耀千秋。良渚古城遗址已于2019年列入世界遗产名录，南京城墙作为明清城墙的代表也正在牵头推动中国明清城墙联合申遗。两者的对比研究将更为深刻地展现良渚王城到大明帝都的一脉相承，呈现中国城市、城墙发展与演进的脉络，实证中国历史和文化的源远流长，展示南京明城墙的历史文化价值，助力申遗。

为对比两城的选址规划、功能布局、水利交通、营建技术、王权礼制、组织管理等方面的异同，探寻中国城市文明和城墙营造的传承轨迹，彰显南京城墙在城市发展史上的突出地位与崇高价值，为南京城墙申遗提供更多的理论支撑，南京城墙保护管理中心于2019年开展了市级专项课题"南京明城墙与良渚古城遗址价值对比研究"，委托江苏兆物数字文化传媒有限公司、南京大学多媒体科学与教育制作中心对良渚古城与明南京城进行系统的调查与对比研究，并制作配套的视频资料，将课题研究成果数字化。

课题结束后，为进一步扩大课题的影响力，将课题成果惠及更多学者与大众，我们将课题成果编纂成《帝都王城——从良渚王城到大明帝都》一书。此书图文并茂，并配有大量精心制作的视频，将较为枯燥的知识通过生动有趣的方式呈现出来，集学术性与趣味性于一体。

此书的成功付梓，离不开南京市文化和旅游局的高度重视和大力支持；同时，感谢浙江大学艺术与考古学院教授、浙江省文物考古研究所原所长、良渚古城遗址的重要发现人刘斌为本书撰写序言；同样感谢项目合作方江苏兆物数字文化传媒有限公司和南京大学多媒体科学与教育制作中心；此外，感谢南京城墙研究会、南京古都城墙保护基金会的倾情赞助和国家新闻出版业科技与标准重点实验室（内容呈现与表达方向）、中国城墙研究院的帮助和指导；感谢浙江省文物考古研究所、良渚博物院提供有关图片；最后，感谢东南大学出版社为展示古都双璧提供的支持与帮助！

五千年前的良渚王城如今建成了国家考古遗址公园，大明帝都经历六百多年的风雨沧桑，发展为现代化的都市。雄伟壮丽的南京城墙依然雄踞在长江之滨，成为极其珍贵的文化遗产，南京城墙携手其他明清城墙联合申遗的步伐也从未止歇。申遗项目任重而道远，只有继续脚踏实地地做好南京城墙的保护、传承、研究与利用的工作，才能无愧于这屹立六百五十多年而不倒的文化瑰宝，才能真正的激活其内在的生命力、彰显其独一无二的文化遗产价值。我们衷心希望，此书的出版可以让更多的人感受到南京城墙的价值与魅力，加入到南京城墙的保护与传承中来！

南京城墙保护管理中心
2020 年 12 月